gGmbH und e.V. in der ehrenamtlichen Jugendarbeit

Die gGmbH als anerkannter Träger der freien Jugendarbeit auf ehrenamtlicher Basis im Vergleich zum gemeinnützigen eingetragenen Verein

von

Matthias Surovcik

Impressum

Bibliografische Information der Deutschen Nationalbibliothek

Die Deutsche Nationalbibliothek verzeichnet diese Publikation in der Deutschen Nationalbibliografie; detaillierte bibliografische Daten sind im Internet über http://dnb.d-nb.de abrufbar.

Titel:	gGmbH und e.V. in der ehrenamtlichen Jugendarbeit
Autor:	Matthias Surovcik
Layout:	Matthias Surovcik
Coverdesign:	Susanne Thier
Verlag:	Matthias Surovcik Verlag, Wald http://msverlag.com
ISBN:	978-3-943247-01-5

1. Auflage

Inhaltsverzeichnis

A. Grundlagen 18

I. Einführende Gedanken 18

II. Gemeinnützigkeit 20

1. Rechtliche Einordnung der Gemeinnützigkeit . 20

2. Voraussetzung der Anerkennung 21

a) Organisationsform 21

b) Organisationszweck 22

c) Selbstlosigkeit 22

d) Mittelverwendung 23

e) Unverhältnismäßige Begünstigung 24

f) Auflösungsklausel 25

3. Steuerrechtliche Bedeutung 26

4. Behandlung durch Finanzamt 27

III. Ehrenamt in der Gemeinnützigkeit 29

1. Bedeutung und Definition der Ehrenamtlichkeit 29

2. Aufsichtspflicht 30

3. Jugendleitersonderurlaub 32

4. Weitere Unterscheidung der Körperschaften . 33

IV. Rechtlicher Rahmen freier Jugendarbeit 34
1. Definition der Jugend 34
2. Beziehung der freien Jugendarbeit zum Staat 35
3. Finanzierung Freier Jugendarbeit 36
4. Möglicher Rechtsanspruch auf Fördermittel . 38
B. Gründung 42
I. Satzung und Gesellschaftsvertrag 42
II. Notarielle Beurkundung 43
III. Antrag auf Gemeinnützigkeit 46
IV. Besonderheiten der Gründungsphasen 47
V. Antrag auf freie Trägerschaft 48
1. Aufgaben der freien Trägerschaft 48
2. Voraussetzungen für die Anerkennung nach § 75 Abs. 1 SGB VIII 50
a) Tätigkeit auf dem Gebiet der Jugendhilfe . 50
b) Verfolgung gemeinnütziger Ziele 51
c) Anforderungen an die Leistungsfähigkeit und Fachlichkeit des Trägers 52
d) Gewähr für eine den Zielen des Grundgesetzes förderliche Arbeit 53
3. Ablauf des Anerkennungsverfahrens 55
4. Unterscheidung der Körperschaften durch die anerkennenden Ämter 57
C. Führung 57
I. Die Rechtsfähigkeit im Rechtsverkehr 57
II. Entscheidungsgremien 58

1. Geschäftsführung und Vereinsvorstand 58
2. Mitglieder und Mitarbeiter 61
a) Rechte und Pflichten von Vereinsmitgliedern 61
b) Rechte und Pflichten von ehrenamtlichen Mitarbeitern 65
c) Bezug zur Körperschaftsform 68
3. Das oberste Entscheidungsgremium 69
a) Die Mitgliederversammlung des e.V. 69
b) Die Gesellschafterversammlung der gGmbH 72
c) Strukturelle Vergleichbarkeit beider Gremien 78
III. Buchführung 78
IV. Haftung von Vorständen, Geschäftsführern und Gesellschaftern 81
1. Der e.V.–Vorstand 81
2. Der gGmbH–Geschäftsführer 82
3. Gesellschafter der gGmbH 84
4. Versicherungsschutz 86
V. Kaufmannseigenschaften 87
1. Unternehmereigenschaft i.S.d. § 14 BGB . . . 87
2. Verpflichtung kaufmännischer Gepflogenheiten 89
VI. Mittelverwendung und Rücklagenbildung . . . 92
VII. Sachvermögen 97
VIII. Compliance 98
D. Beendigung 101
I. Finanzielle Schwierigkeiten und Insolvenz 101
1. Insolvenzfähigkeit und Insolvenzgründe 101

2. Eröffnung des Insolvenzverfahrens 102
3. Insolvenzverschleppung 103
II. Liquidation 104
1. Voraussetzungen der Liquidation 104
2. Ablauf der Liquidation 106
3. Umgang mit Vermögenswerten 108
E. Fazit 109

Literaturverzeichnis

BASFI: Richtlinie für die Anerkennung von Trägern der freien Jugendhilfe. 2. Auflage. Freie und Hansestadt Hamburg, Hamburg, 2010

Bayerisches Landesjugendamt: Grundsätze für die Anerkennung von Trägern der freien Jugendhilfe nach §75 SGB VIII. BLJA, München, 2014

Bülow, Peter/Artz, Markus: Handelsrecht. 7. Auflage. Hüthig Jehle, Rehm, 2015

Burhoff, Detlef: Vereinsrecht. 9. Auflage. NWB Verlag, Herne, 2014

Deinet, Ulrich/Sturzenhecker, Benedikt: Handbuch Offene Kinder– und Jugendarbeit. 4. Auflage. Springer VS, Wiesbaden, 2013

Deisenhofer, August/Deisenhofer, Ulrich: Jugendrecht. 36. Auflage. Beck–Texte im dtv, München, 2015

Ehrhardt, Jens: Ehrenamt. 1. Auflage. Campus Verlag, Frankfurt am Main, 2011

Engler, Ulla/Hesse, Werner: Praxisratgeber Gemeinnützige GmbH. 2. Auflage. Walhalla Fachverlag, Regensburg, 2012

Epkenhans–Behr, Ina: Beziehungsmuster zwischen Jugendämtern und freien Trägern. 1. Auflage. Springer VS, Wiesbaden, 2015

Eversberg et al.: Das neue Gemeinnützigkeitsrecht. 1. Auflage. wrs, München, 2007

Hafner, Sonja et al.: Gesellschaftliche Verantwortung in Organisationen. 1. Auflage. Rainer Hampp Verlag, München, 2007

Happe, Günter/Saurbier, Helmut: Kinderhilfegesetz und Jugendhilfegesetz. 20. Auflage. Kohlhammer, Stuttgart, 1998

Heinen, Edmund: Betriebswirtschaftliche Führungslehre. 2. Auflage. Gabler, Wiesbaden, 1984

Igl, Gerhard: Rechtliche Rahmenbedingungen bürgerschaftlichen Engagements. 1. Auflage. VS Verlag für Sozialwissenschaften, Wiesbaden, 2013

Koch, Christian/Holt, Thomas von: Verein oder GmbH. 1. Auflage. NDV, Bonn, 2004

Köster, Martina: Prüfung und Kontrolle gemeinnütziger Kapitalgesellschaften. 1. Auflage. EUL Verlag, Lohmar, 2014

Kunkel, Peter-Christian: Rechtsfragen der Finanzierung freier Träger in Zentralblatt für Jugendrecht. 1. Auflage. 193.197.34.225/ZHEAF/diskussionspapiere/Kunkel00_5.pdf am 15. Dezember 2015, Kehl, 2001

Laschet, Carsten/Held, Franz: Geschäftsführer–Haftung und D&O–Versicherung. 2. Auflage. Verlag Versicherungswirtschaft, Karlsruhe, 2015

Lietzau, Wolfgang: Die gemeinnützige Unternehmergesellschaft (gUG) in Verbände Report – Ausgabe 05/2009. Gesellschaft für Verbands– und Industriemarketing, Bonn, 2009

Menges, Evelyne: Gemeinnützige Einrichtungen. 1. Auflage. Beck im dtv, München, 2004

Mohrenweiser, Klaus: Der rechtliche Rahmen für die Ausgliederung wirtschaftlicher Geschäftsbetriebe gemeinnütziger Körperschaften. 1. Auflage. Peter Lang, Frankfurt am Main, 2010

Ott, Sieghart/Wörle–Himmel, Christof: Vereine gründen und erfolgreich führen. 12. Auflage. Beck–Texte im dtv, München, 2010

Pflüger, Hansjörg: Gestaltende Steuerberatung – Ausgabe 01/2004. IWW, Würzburg, 2004

Priester, Hans–Joachim/Mayer, Dieter: Münchener Handbuch des Gesellschaftsrechts – Band 3: Gesellschaft mit beschränkter Haftung. 4. Auflage. Beck, München, 2012

Reibold, Friedrich J.: Praxis des Notariats. 1. Auflage. Deubner Verlag, Köln, 2007

Reischl, Klaus: Insolvenzrecht. 3. Auflage. C.F.Müller, Heidelberg, 2014

Rosenski, Natalie: Die Wirtschaftliche Bedeutung des dritten Sektors, erschiene in „Wirtschaft und Statistik“, 3–2012. Statistisches Bundesamt, Wiesbaden, 2012

Säcker, Franz–Jürgen/Armbrüster, Christian: Münchener Kommentar Bürgerliches Gesetzbuch – Band 1: Allgemeiner Teil. 6. Auflage. Beck, München, 2011

Säcker, Franz–Jürgen/Rixecker, Roland: Münchener Kommentar Bürgerliches Gesetzbuch – Band 5: Schuldrecht Besonderer Teil III. 5. Auflage. Beck, München, 2009

Schimke, Hans–Jürgen/Fuchs, Karsten: Rechts–ABC für den Jugendgruppenleiter. 23. Auflage. Luchterhand, München, 2004

Schünemann, Wolfgang B.: Wirtschaftsprivatrecht. 6. Auflage. UVK Verlagsgesellschaft, Konstanz, 2011

Schwab, Dieter/Löhnig, Martin: Einführung in das Zivilrecht. 20. Auflage. C.F.Müller, Heidelberg, 2016

Surovcik, Matthias: Jugendleiterbildungsstudie 2011. 1. Auflage. MS–Verlag, Wald, 2011

Vogelbusch, Friedrich: Grundsätze der Rechnungslegung von Vereinen. 1. Auflage. vereinsrecht.de/assets/files/verein/VogelbuschWohlfahrt06_2006.pdf am 15. Dezember 2015, Dresden, 2015

Volkelt, Lothar: Die Unternehmergesellschaft (UG). 3. Auflage. Springer Gabler, Wiesbaden, 2015

Wecker, Gregor/Ohl, Bastian: Compliance in der Unternehmerpraxis. 3. Auflage. Springer Gabler, Wiesbaden, 2013

Weidmann, Christina/Kohlhepp, Ralf: Die gemeinnützige GmbH. 3. Auflage. Springer Gabler, Wiesbaden, 2014

Wiesner, Reinhard/Bernzen, Christian/Kößler, Melanie: Jugendverbände sind zu fördern! Rechtsgutachten. 1. Auflage. Deutscher Bundesjugendring, Berlin, 2013

Wörle–Himmel, Christoph: Vereinsrecht – 132 Tipps für die Vereinsarbeit. 2. Auflage. Beck–Texte im dtv, München, 2014

Zimmermann, Walter: Grundriss des Insolvenzrechts. 10. Auflage. C.F.Müller, Heidelberg, 2015

Urteilsverzeichnis

BAG-Urteil: Entscheidung vom 29. August 2012, 10 AZR 499/11. 2012 ⟨URL: http://juris.bundesarbeitsgericht.de/zweitesformat/bag/2015/2015-03-05/10_AZR_499-11.pdf⟩

BGH-Beschluss: Beschluss vom 3. Dezember 2007, BGH II ZR 22/07. 2007 ⟨URL: https://openjur.de/u/75767.html⟩

BGH-Beschluss: Beschluss vom 14. Juli 2008, BGH II ZR 202/07. 2008 ⟨URL: https://openjur.de/u/74098.html⟩

BGH-Beschluss: Beschluss vom 19. Apirl 2011, BGH II ZB 25/10. 2011 ⟨URL: https://openjur.de/u/165331.html⟩

BGH-Urteil: Urteil vom 16. Juli 2007, BGH II ZR 3/04. 2007 ⟨URL: http://www.urteile-im-internet.de/archives/BGH-II-ZR-3-04.html⟩

BGH-Urteil: Urteil vom 13. Juli 2011, BGH VIII ZR 215/10. 2011 ⟨URL: https://openjur.de/u/168803.html⟩

LG-Urteil: Urteil vom 10. Dezember 2013, LG München I, 5HK O 1387/10. 2013 ⟨URL: https://openjur.de/u/682814.html⟩

Abkürzungsverzeichnis

Abs. Absatz

ALG Arbeitslosengeld

AO Abgabenordnung

Art. Artikel

BASFI Behörde für Arbeit, Soziales, Familie und Integration

BAG Bundesarbeitsgericht

BGB Bürgerliches Gesetzbuch

BGH Bundesgerichtshof

bzw. beziehungsweise

e.V. eingetragener Verein

EhrAmtStG Ehrenamtsstärkungsgesetz

EStG Einkommensteuergesetz

evtl. eventuell

FA Finanzamt

f – ff folgende (singular) – folgende (plural)

gem. gemäß

GbR Gesellschaft bürgerlichen Rechts

GG Grundgesetz

ggf. gegebenenfalls

ggü. gegenüber

GNotKG Gerichts– und Notarkostengesetz

GmbH Gesellschaft mit beschränkter Haftung

GmbHG GmbH–Gesetz

g[XX]gemeinnützige [Körperschaft]

HGB Handelsgesetzbuch

i.d.F. in der Fassung

i.d.R. in der Regel

i.H.v. in Höhe von

i.S.d. im Sinne des/der

i.V.m. in Vereinbarung mit

i.w.S. im weiteren Sinne

InsO Insolvenzordnung

KJHG Kinder– und Jugendhilfegesetz

MoMiG Gesetz zur Modernisierung des GmbH–Rechts und zur Bekämpfung von Missbräuchen

NPO Non Profit Organisation

Rdn. Randnummer

S. Seite

SGB Sozialgesetzbuch

sog. sogenannte

StGB Strafgesetzbuch

UG Unternehmergesellschaft

USt Umsatzsteuer

VereinRÄndG Gesetz zur Erleichterung elektronischer Anmeldungen zum Vereinsregister und anderer vereinsrechtlicher Änderungen

vgl. vergleiche

VO Verordnung

z.B. zum Beispiel

zzgl. zuzüglich

Vorwort

In der freien Jugendarbeit, insbesondere der Verbandlichen Jugendarbeit, engagieren sich junge Menschen schon längst nicht mehr lediglich mittels Jugendfreizeiten und wöchentlichen Gruppenstunden für die eigenen Mitglieder allein. Jugendverbände, Pfadfinderbünde, Blaulichtjugendgruppen, Traditionsvereinsjugend und andere betreiben zunehmend weitere Projekte und feste Arbeitskreise, oft ohne hauptamtliche Unterstützung. Regelmäßig werden hierfür bereits eigene Abteilungen oder sogar Tochtervereine gegründet. Eine in diesem Bereich noch relativ unübliche Variante ist die im Non–Profit–Bereich ansonsten sehr verbbreitete Möglichkeit einer gemeinnützigen Kapitalgesellschaft. Die Überlegung, statt eines Vereins etwa eine gGmbH zu gründen, erfreut sich immer größerer Beliebtheit und bringt in Hinblick auf die Jugendarbeit seine Vor– und Nachteile mit. In der Erkenntnis, als engagierter Jugendverband nicht für alle Aktivitäten an die Rechtsform des eingetragenen Vereins gekettet zu sein, birgt Zukunftspotential. Diese – gerade in Hinblick auf die zunehmenden bürokratischen Hürden, welche der Jugendarbeit auferlegt werden – verdient nähere Betrachtung. Das vorliegende Buch nimmt sich dieses Themas an. Es kann und soll aber keine ausführliche Rechtsberatung ersetzen, hierfür sei an einen Rechtsanwalt des eigenen Vertrauens verwiesen.

A. Grundlagen

I. Einführende Gedanken

Im Thema einer wissenschaftlichen Arbeit aus der Disziplin des Wirtschaftsrechts die Begriffe *gemeinnützig* und *ehrenamtlich* zu lesen vermag stutzig zu machen, schließlich – so die landläufige Meinung – ginge es bei Wirtschaftsrecht um Wirtschaft. Dabei wird allzu gerne stillschweigend davon ausgegangen, Wirtschaft müsste auf Gewinn und Vermehrung von Eigentum im betriebswirtschaftlichen Sinne hin ausgerichtet sein[1], andernfalls fiele es unter die Bezeichnung Misswirtschaft. Nicht in jedem Falle falsch, sei aber eine solche Einschränkung in diesem Fall den Betriebswirten, Bankiers und anderen überlassen, welche im Rahmen ihres Engagements (zumeist der beruflichen Position) im betriebswirtschaftlichen Sinne *wirtschaftlich* denken und handeln müssen. Es sei zumindest erwähnt, dass auch im gewinnorientierten Bereich der Wirtschaft das, was unter NonProfit fällt, keine nichtsignifikante Rolle spielt[2].

Gegenstand dieser Arbeit soll der (nahezu) altruistischere Bereich der Wirtschaft sein, wie sich aus dem Titel des Buches leicht entnehmen lässt. Neben dem klassischen Weg gemeinnützige Ziele mittels eines Vereins zu verfolgen, bietet das deutsche Recht aber auch andere Möglichkeiten.

---

[1] HEINEN, *Betriebswirtschaftliche Führungslehre*, S. 26

[2] ROSENSKI, *Die Wirtschaftliche Bedeutung des dritten Sektors, erschiene in „Wirtschaft und Statistik", 3–2012*, S. 209ff

Die bekannteste und verbreitetste ist wohl die gemeinnützige GmbH. In dieser Untersuchung soll von einer insoweit rein gemeinnützigen Sicht ausgegangen werden, dass keinerlei hauptamtliche Kräfte zur Verfügung stehen, bzw. erst später auf administrativen Positionen eingesetzt werden sollen; dennoch muss im Verhältniss das Gros an Arbeit ehrenamtlich bleiben.
Eine weiteres Merkmal dieser Arbeit ist der Bezug auf das Themengebiet der freien Jugendarbeit. Vorab sei darüber hinaus angemerkt, dass sich dort, wo eine Abweichung der rechtlichen Regelungen bei der gGmbH zur gemeinnützigen Unternehmergesellschaft (gUG) als Kapitalgesellschaftsform nach § 5a GmbHG vorhanden ist, auch die Erwähnung derselben lohnt. Sofern die gUG unerwähnt bleibt, ist von einer analogen Betrachtung zur gGmbH auszugehen.
Welche Unterschiede ergeben sich für die gGmbH im Vergleich zum gemeinnützigen e.V.? Welche Vor– und welche Nachteile erschließen sich daraus? Unter welchen Umständen ist es im Fazit sinnvoller, eine gGmbH zu gründen, denn einen gemeinnützigen eingetragener Verein? Dies bedarf einer Begutachtung im Hinblick auf den Führungsalltag unternehmerischer Praxis im NonProfitBereich. Daher sind die Kapitel primär nach den chronologischen Phasen einer juristischen Person kategorisiert und nur sekundär nach Rechtsgebieten.

II. Gemeinnützigkeit

1. Rechtliche Einordnung der Gemeinnützigkeit

Die Gemeinnützigkeit wird in § 52 AO wie folgt definiert: *Eine Körperschaft verfolgt gemeinnützige Zwecke, wenn ihre Tätigkeit darauf gerichtet ist, die Allgemeinheit auf materiellem, geistigem oder sittlichem Gebiet selbstlos zu fördern. Eine Förderung der Allgemeinheit ist nicht gegeben, wenn der Kreis der Personen, dem die Förderung zugute kommt, fest abgeschlossen ist, zum Beispiel Zugehörigkeit zu einer Familie oder zur Belegschaft eines Unternehmens, oder infolge seiner Abgrenzung, insbesondere nach räumlichen oder beruflichen Merkmalen, dauernd nur klein sein kann. Eine Förderung der Allgemeinheit liegt nicht allein deswegen vor, weil eine Körperschaft ihre Mittel einer Körperschaft des öffentlichen Rechts zuführt.*

Als in der AO definierter Begriff ist das juristisch relevante Thema der Gemeinnützigkeit die Steuerbegünstigung nach § 51 Abs. 1 Satz 1 AO, zu welcher die Anerkennung der Gemeinnützigkeit als eine von drei Möglichkeiten (kirchliche Zwecke, gemeinnützige Zwecke, mildtätige Zwecke) führt. Das staatliche Ziel, de facto die ratio legis der Steuerbegünstigung für gemeinnützige Organisationen, ist die Stärkung des bürgerschaftlichen Engagements, welches im Rahmen des gleichnamigen Gesetzes zu einer steuervereinfachenden Reform des Geimnützigkeitsrechts im Jahr 2007 führte[3].

[3] EVERSBERG et al., *Das neue Gemeinnützigkeitsrecht*, S. 11

Hier übt der Staat durch die in Form der Steuerbegünstigung realisierte Subventionierung seine Lenkungsfunktion aus[4].

2. Voraussetzung der Anerkennung

Die AO regelt die Voraussetzungen der Anerkennung der Gemeinnützigkeit. Die Gemeinnützigkeit ist beim Finanzamt zu beantragen, welches erstmalig bei Neugründungen die Satzung auf die Tauglichkeit zur Gemeinnützigkeit hin prüft, daraufhin den entsprechenden Bescheid erlässt und regelmäßig im dreijährigen Turnus prüft, ob auch tatsächlich die Gemeinnützigkeit gegeben ist[5]. Besonders zur erstmaligen Prüfung durch das Finanzamt, letztendlich aber natürlich für den gesamten Zeitraum der Gemeinnützigkeit, muss die Satzung der beantragenden Organisation bestimmte Voraussetzungen erfüllen.

a) Organisationsform

Bei der die Gemeinnützigkeit beantragenden Organisation muss es sich nach § 52 Abs. 1 Satz 1 AO um eine Körperschaft, also um eine juristische Person handeln. Dies trifft sowohl auf den e.V. als auch auf die gGmbH zu.

---

[4] Weidmann/Kohlhepp, *Die gemeinnützige GmbH*, S. 5

[5] Igl, *Rechtliche Rahmenbedingungen bürgerschaftlichen Engagements*, S. 133

b) Organisationszweck

Der Zweck der Körperschaft muss ausschließlich und unmittelbar gemeinnützige Zwecke i.S.d. Abgabenordnung verfolgen. Diese Zwecke sind in der Satzung aufzuführen[6]. In § 52 Abs. 2 AO werden 25 Förderungszwecke aufgeführt, welche als Förderung der Allgemeinheit anzuerkennen sind[7]. Der für den Fall dieses Gutachtens zugrunde liegende Organisationszweck ist, als *Jugendhilfe* tituliert, in § 52 Abs. 2 Nr. 4 Alt. 1 AO aufgelistet. Die Tätigkeit der Jugendarbeit freier Träger entspricht der im Gesetz definierten Jugendhilfe[8], auf welche sich die Jugendhilfe im Rahmen dieser Begutachtung bezieht, weswegen die Begriffe Jugendhilfe und Jugendarbeit auch synonym Verwendung finden.

c) Selbstlosigkeit

Die Körperschaft muss zur Ausübung ihres Organisationszwecks selbstlos tätig sein[9]. Hierunter versteht § 55 Abs. 1 AO die freiwillige Abgabe materieller Mittel ohne angemessene Gegenleistung und unter Verzicht auf den eigenen Nutzen; Sie stellt ein uneigennütziges Opfer für die Allgemeinheit dar[10]. Der Gesetzgeber ordnet dem Kriterium der

---

[6] Burhoff, *Vereinsrecht*, S. 67 Rdn. 67, Alt. 1
[7] Eversberg et al., *Das neue Gemeinnützigkeitsrecht*, S. 107
[8] Eversberg et al., *Das neue Gemeinnützigkeitsrecht*, S. 22
[9] Burhoff, *Vereinsrecht*, S. 67 Rdn. 67, Alt. 2
[10] Menges, *Gemeinnützige Einrichtungen*, S. 82

Selbstlosigkeit eine besondere Bedeutung zu[11]. Eine Körperschaft handelt selbstlos i.S.d. § 55 Abs. 1 Satz 1 AO, wenn sie nicht in erster Linie eigenwirtschaftliche Zwecke verfolgt[12]. Dabei sind eigenwirtschaftliche Zwecke nicht ganz auszuschließen. So ist eine Körperschaft, welche etwa (zeitweise) auf Darlehen zur Erfüllung ihrer satzungsmäßigen Ziele angewiesen war, sogar verpflichtet, Gelder zur Vermögensbildung zu aquirieren[13]. Folglich ist die Selbstlosigkeit sehr eng an die Mittelverwendung geknüpft und wird an dieser bemessen.

d) Mittelverwendung

Die Mittel dürfen nur für satzungsgemäße Zwecke verwendet werden und die Mitglieder dürfen keine Gewinnanteile oder sonstige Zuwendungen aus den Mitteln erhalten[14]. Dies bedeutet aber nicht, dass jedes Mitglied der Körperschaft immer und ausschließlich unentgeldlich ehrenamtlich tätig sein muss. Dies wird im entsprechenden Kontext in dieser Arbeit noch genauer erörtert. Unabhängig davon ist jedoch festzustellen, dass alle Mittel nur in einer Weise zu verwen-

---

[11] Mohrenweiser, *Der rechtliche Rahmen für die Ausgliederung wirtschaftlicher Geschäftsbetriebe gemeinnütziger Körperschaften*, S. 47

[12] Mohrenweiser, *Der rechtliche Rahmen für die Ausgliederung wirtschaftlicher Geschäftsbetriebe gemeinnütziger Körperschaften*, S. 45

[13] Mohrenweiser, *Der rechtliche Rahmen für die Ausgliederung wirtschaftlicher Geschäftsbetriebe gemeinnütziger Körperschaften*, S. 48

[14] Burhoff, *Vereinsrecht*, S. 67 Rdn. 67, Alt. 3

den sind, dass aus der Verwendung selbst klar hervorgeht, dass damit den gemeinnützigen Zielen gedient wird.

e) Unverhältnismäßige Begünstigung

Keine Person – damit auch kein Außenstehender – darf durch dem Vereinszweck fremde Ausgaben unverhältnismäßig hoch begünstigt werden[15]. Eine Zuwiderhandlung gegen dieses Verbot gefährdet die Selbstlosigkeit i.S.d. § 55 Abs. 1 Nr. 1 bis 4 AO[16]. In erster Linie bedeutet dieses Verbot etwa, dass keine Gelder an den Gesellschafter ausgezahlt werden dürfen. Jedoch auch nicht an Dritte. So ist auch etwa die Förderung politischer Parteien untersagt[17].

Die Grenze liegt jedoch im Begriff der *Unverhältnismäßigkeit.* Aufwandsentschädigungen sind grundsätzlich nach § 670 BGB zu gewähren, da es sich hierbei lediglich um den Ausgleich entstandenen Aufwandes handelt. Nach Ansicht des BGH sind alle Leistungen, die darüber hinaus bezogen werden, Vergütungen. Sie sind *offenes oder verschleiertes Entgelt für die geleistete Tätigkeit.* Dazu gehören auch *sämtliche Pauschalen, die nicht tatsächlich entstandenen und belegbaren Aufwand abdecken, die Ersatz für Kosten sind, welche mit der Vorstandstätigkeit typischerweise verbunden sind und in dieser Höhe üblicherweise pauschal (ohne Einzelnachweis) erstattet* werden.

---

[15] Burhoff, *Vereinsrecht*, S. 68 Rdn. 67, Alt. 4

[16] Weidmann/Kohlhepp, *Die gemeinnützige GmbH*, S. 150

[17] Weidmann/Kohlhepp, *Die gemeinnützige GmbH*, S. 151

Das kann z.B. auch ein Ersatz für Gehaltsausfall sein[18]. Vergleichbares ergibt sich für die pauschale Aufwandsentschädigung Ehrenamtlicher, gleichermaßen für arbeitslose Ehrenamtliche. Dies gilt auch, wenn der Auslagenersatz in pauschalierter Form erfolgt und die Pauschale 200 Euro im Monat nicht übersteigt. Neben einer nicht steuerpflichtigen Aufwandsentschädigung, die der Ehrenamtliche erhält, ist eine Pauschalierung des Auslagenersatzes nur möglich, soweit die Auslagenpauschale zusammen mit der nicht steuerpflichtigen Aufwandsentschädigung 200 Euro im Monat nicht übersteigt (vgl. §§ 3 Nr. 26 Satz 1 EStG, 1ALG II VO, Art 2 EhrAmtStG).

f) Auflösungsklausel

Bei Auflösung der Körperschaft – bzw. bei Wegfall der Gemeinnützigkeit – darf das gesamte Körperschaftsvermögen ausschließlich für steuerbegünstigte Zwecke genutzt werden[19]. Es ist also ggf. an eine andere gemeinnützige Körperschaft abzugeben.

Die einzige Ausnahme hiervon sind die eingezahlten Kapitalanteile an der Stammeinlage der Gesellschafter bei Kapitalgesellschaften[20]. Dies ist in der Satzung der Körperschaft festzulegen. Dabei sind entweder der genaue Zweck oder der

---

[18] vgl. in: BGH-Beschluss, *Beschluss vom 3. Dezember 2007, BGH II ZR 22/07*, S. BGH–Beschluss

[19] Burhoff, *Vereinsrecht*, S. 68 Rdn. 67, Alt. 5

[20] Weidmann/Kohlhepp, *Die gemeinnützige GmbH*, S. 214

genaue Empfänger des verbleibenden Körperschaftsvermögens für den Fall der Auflösung festzulegen[21].

3. Steuerrechtliche Bedeutung

Die Anerkennung der Gemeinnützigkeit durch das Finanzamt hat in erster Linie steuerrechtliche Folgen für die gemeinnützige Organisation. Diese sind:[22]

- Befreiung der Zweckbetriebe von der Körperschafts- und Gewerbesteuer;
- Befreiung von Grund– und Erbschafts–/Schenkungssteuer Kapitalverkehrsteuer;
- Steuerfreiheit der wirtschaftlichen Geschäftsbetriebe, die keine Zweckbetriebe sind, von der Körperschafts– und Gewerbesteuer, sofern die Einnahmen insgesamt 35.000 € brutto im Jahr nicht übersteigen;
- Besteuerung der Umsätze der Zweckbetriebe mit dem ermäßigten Steuersatz bei der Umsatzsteuer;
- Steuerfreiheit nach § 3 Nr. 26 EStG für Aufwandsentschädigungen bis 2.400 € im Jahr bei bestimmten nebenberuflichen Tätigkeiten im gemeinnützigen Bereich und

---

[21] BURHOFF, *Vereinsrecht*, S. 328 Rdn. 717

[22] BURHOFF, *Vereinsrecht*, S. 366 Rdn. 829

- Die für andere als in § 3 Nr. 26 EStG genannte nebenberuflich ausgeübte Tätigkeiten gewährte Ehrenamtspauschale von 720 € nach § 3 Nr. 26a EStG.

Wobei weitere Vergünstigungen und die je nach Verwendung steuerfreien Spenden und Fördermittel hinzuzuzählen sind[23].

Ein Zweckbetrieb liegt nach § 65 AO dann vor, wenn der wirtschaftliche Geschäftsbetrieb in seiner Gesamtrichtung dazu dient, die steuerbegünstigten Zwecke der gGmbH zu verwirklichen, diese Zwecke nur durch einen solchen Geschäftsbetrieb erreicht werden können und er nicht vermeidbar in größerem Umfang in Wettbewerb zu nicht begünstigten Betrieben derselben oder ähnlichen Art steht[24]. Diese drei Voraussetzungen werden recht streng ausgelegt, weswegen viele als Zweckbetrieb deklarierte Einnahmen oft effektiv unter den Geschäftsbetrieb fallen und nur durch die Freibetragsgrenze von 35000 € nach § 64 Abs. 3 AO steuerfrei bleiben[25].

4. Behandlung durch Finanzamt

Tatsächlich gibt es so gut wie keine Unterscheidung bei der Anerkennung der Gemeinnützigkeit durch die Finanzämter zwischen dem eingetragenen Verein und der gemeinnützigen

[23] Burhoff, *Vereinsrecht*, S. 366 Rdn. 830
[24] Weidmann/Kohlhepp, *Die gemeinnützige GmbH*, S. 179
[25] Burhoff, *Vereinsrecht*, S. 882f Rdn. 882

Kapitalgesellschaft, wie der gGmbH. Die Satzung des Vereins ist hier dem Gesellschaftsvertrag der Kapitalgesellschaft gleichgestellt. Der einzige nennenswerte Unterschied ist die vorab bereits erwähnte Ausnahmeregelung bei der Auflösung der Kapitalgesellschaft. Da es sich dabei aber lediglich um die nicht verzinste Rückzahlung der Einlagen handelt, ist hierin kein Vorteil zu sehen. Aufgrund der Nichtverzinsung i.V.m. einer – selbst wenn geringen – Inflation stellt dies ggf. eher noch einen finanziellen Nachteil dar, da im Fall einer Auflösung der Gesellschaft das zurückgezahlte Stammkapital dem Einzuzahlungsbetrag identisch ist, jedoch inflationsbedingt einen geringeren Wert hat als zum Zeitpunkt der Einzahlung.

Nicht für die Kapitalgesellschaft selbst, jedoch für einen Gründer (Gesellschafter) ergibt sich ein steuerlicher Unterschied zu einem Vereinsmitglied (einschließlich Vereinsgründungsmitgliedern oder auch Vereinsvorständen) eines e.V.s: Gemeinnützige Körperschaften erhalten mit der Gemeinnützigkeit das Recht, vom Finanzamt anerkannte Spendenbestätigungen (natürlich gegen Spende) auszustellen, welche sich für den Spender im definierten Rahmen auf die Einkommensteuer begünstigend auswirken. Dies gilt für e.V.s und gGmbHs gleichermaßen[26]. Jedoch werden bei Kapitalgesellschaften Geldzuwendungen durch Gesellschafter an die (eigene) Gesellschaft im Regelfall unabhängig von der Titu-

[26] BURHOFF, *Vereinsrecht*, S. 419 Rdn. 989

lierung der Zuwendung als Einlage und damit als Erhöhung des Einlagekontos betrachtet, weswegen Einzahlungen durch Gesellschafter keine steuerlichen Auswirkungen für diesen haben[27]. Ein Vereins(gründungs)mitglied kann also steuerbegünstigend an seinen eigenen Verein spenden, wärend dies dem Gesellschafter einer gGmbH nicht in diesem Sinne möglich ist. Sofern der oder die Gründer einer Gesellschaft vorhaben, die Körperschaft finanziell zu unterstützen, ohne dass sich das Vermögen der Körperschaft dadurch wirklich vermehrt (z.B. Spenden zur Finanzierung von Projekten oder laufenden Ausgaben), ist steuerrechtlich aus Sicht der Einzelperson die gGmbH von Nachteil ggü. einem eingetragenen Verein.

III. Ehrenamt in der Gemeinnützigkeit

1. Bedeutung und Definition der Ehrenamtlichkeit

Gemeinnützigkeit kommt nicht ohne ehrenamtliche Arbeit aus. Es kann als eine der wichtigsten Grundlagen gemeinnütziger Arbeit betrachtet werden[28]. Der Umfang ehrenamtlicher Leistung ist nicht zu unterschätzen und liegt im Schnitt bei 16,2 Stunden je Monat, wobei über 36% der Deutschen ehrenamtlich tätig sind. Insgesamt werden 7,5% der gesamten Arbeit in Deutschland ehrenamtlich durchgeführt[29].

---

[27] WEIDMANN/KOHLHEPP, *Die gemeinnützige GmbH*, S. 144

[28] HAFNER et al., *Gesellschaftliche Verantwortung in Organisationen*, S. 69

[29] SUROVCIK, *Jugendleiterbildungsstudie 2011*, S. 20

Ehrenamtlich tätig kann jede natürliche Person sein, basierend auf einer freiwilligen Selbstverpflichtung[30]. Damit können sich juristische Personen wie eine gGmbH oder ein e.V. ehrenamtlicher Arbeit bedienen, jedoch nach Definition nicht selbst ehrenamtlich tätig sein, da sie beide keine natürlichen Personen sind.
Die Arbeit an und für sich bleibt jedoch ehrenamtlich, da von ehrenamtlich tätigen, natürlichen Personen – wenn auch im Namen oder für die gemeinnützige Körperschaft – ausgeführt. Neben finanziellen Mitteln ist ehrenamtliche Arbeit die wichtigste Ressource, sowohl der Gemeinnützigkeit im Allgmeinen, als auch der Jugendarbeit im Speziellen[31].

2. Aufsichtspflicht

Eine der zentralen rechtlichen Aspekte in der ehrenamtlichen Jugendarbeit ist die Aufsichtspflicht über Kinder und Jugendliche[32].
Hieraus ergeben sich auch Fragen möglicher Haftungsansprüche, zumindest im Fall eines Schadens, welcher aus der Verletzung der Aufsichtspflicht entstünde[33]. Unter der Voraussetzung, dass Ehrenamtliche im Auftrag und für die Körperschaft handeln, so richten sich Ansprüche Dritter gegen die Körperschaft selbst aus § 832 BGB, und Ansprüche zu

[30] Ehrhardt, *Ehrenamt*, S. 7ff
[31] Surovcik, *Jugendleiterbildungsstudie 2011*, S. 21f
[32] Schimke/Fuchs, *Rechts–ABC für den Jugendgruppenleiter*, S. 26
[33] Schimke/Fuchs, *Rechts–ABC für den Jugendgruppenleiter*, S. 28

beaufsichtigender Jugendlicher gegen den jeweiligen Ehrenamtlichen sowie gegen die Körperschaft aus § 823 BGB[34].
§ 832 BGB ist zwar eine Verschuldenshaftung für eigenes Verhalten, es handelt sich im Ergebnis jedoch um eine aus dem öffentlichen Recht bekannte Form der Zustandshaftung. Hinter § 832 BGB steckt der Gedanke, denjenigen für etwaige Schäden des Schutzbefohlenen aufkommen zu lassen, welcher der *Gefahrenquelle* näher steht[35]. Dies ist i.d.R. der verantwortliche, ehrenamtliche Jugendleiter.
§ 832 BGB setzt die Verletzung einer Aufsichtspflicht sowie einen entstandenen Schaden voraus. Ferner muss im Fall der Aufsichtspflichtverletzung der Schaden durch einen Minderjährigen verursacht worden sein, für welchen Aufsichtspflicht bestand[36]. Ob es zu einer Verletzung der Aufsichtspflicht gekommen ist, lässt sich nicht generell und allgemeingültig bestimmen. Bei der Bestimmung der notwendigen Sorgfalt, welche zur gewissenhaften Erfüllung der Aufsichtspflicht notwendig ist, ist den Eigenschaften des Aufsichtspflichtigen Rechnung zu tragen. Dies beinhaltet im Besonderen die Berücksichtigung kindlicher Eigenarten, die Umstände des Einzelfalls sowie den Aspekt des Erziehungsgedankes[37].

---

[34] Schimke/Fuchs, *Rechts–ABC für den Jugendgruppenleiter*, S. 29
[35] Säcker/Rixecker, *Münchener Kommentar Bürgerliches Gesetzbuch – Band 5: Schuldrecht Besonderer Teil III*, §832 Rdn. 2
[36] Schimke/Fuchs, *Rechts–ABC für den Jugendgruppenleiter*, S. 29
[37] Schimke/Fuchs, *Rechts–ABC für den Jugendgruppenleiter*, S. 35f

Aufgrund § 832 Abs. 1 Satz 2 BGB indiziert § 832 Abs. 1 S. 1 BGB i.V.m. § 832 Abs. 2 BGB die schuldhafte Verletzung der Aufsichtspflicht sowie die Kausalität zwischen Aufsichtspflichtverletzung sowie den durch den Beaufsichtigten verursachten Schaden. Beide Vermutungen lassen sich widerlegen. Der Aufsichtspflichtige hat seine Pflichterfüllung darzulegen und umfassend und konkret vorzutragen, was zur Erfüllung der Aufsichtspflicht im Einzelnen unternommen worden ist[38]. Somit bleibt die Frage der Aufsichtspflichtverletzung eine detailierte Einzelfallbetrachtung.

Möglicherweise strafrechtliche Rechtsfolgen (beispielsweise aus den §§ 171, 180, 184 Abs. 1 und 3 oder auch 225 StGB) treffen grundsätzlich nur natürliche Personen, in diesem Fall also die jeweiligen Ehrenamtlichen[39].

Die Pflichten der jeweiligen Körperschaft – ob e.V. oder gGmbH – sowohl ggü. den zu Beaufsichtigenden als auch ggü. den für die Körperschaft tätigen Ehrenamtlichen sind identisch. Eine Unterscheidung in der Natur der jeweiligen Körperschaft, welche sich Ehrenamtlicher bedient, ist auch darüber hinaus weder zivil– noch strafrechtlich ersichtlich.

---

[38] Säcker/Rixecker, *Münchener Kommentar Bürgerliches Gesetzbuch – Band 5: Schuldrecht Besonderer Teil III*, § 832 Rdn 41

[39] Schimke/Fuchs, *Rechts–ABC für den Jugendgruppenleiter*, S. 30ff

3. Jugendleitersonderurlaub

Jugendgruppenleiter, welche für anerkannte Träger der Jugendhilfe als solche ehrenamtlich tätig sind, haben nach jeweiligen in den Ländern verankerten Gesetzen Anspruch auf Sonderurlaub von (je nach Landesrecht) zwölf Werktagen[40]. Inwieweit dieser Sonderurlaubsanspruch (aus öffentlicher Hand) vergütet werden muss, zumal der Arbeitgeber zwar den Urlaub unter Erfüllung aller gesetzlichen Voraussetzungen zu gewähren hat, diesen jedoch nicht zwangsläufig vergüten muss, ist jeweils landesrechtlich geklärt, und auch insoweit nicht im Detail für diese Begutachtung relevant, weswegen eine tiefere Betrachtung der zugehörigen Voraussetzungen an dieser Stelle nicht erfolgt. Es sei jedoch verdeutlicht, dass an die der Befreiung zugrundeliegende Maßnahme veranstaltende Körperschaft lediglich die Voraussetzung der Anerkennung als freier Träger der Jugendhilfe zu erfüllen hat[41], jedoch keine Unterscheidung zwischen e.V. und gGmbH vorhanden ist.

4. Weitere Unterscheidung der Körperschaften

An sich gibt es keine Unterscheidung zwischen verschiedenen Organisationen, für die bzw. in deren Namen ehrenamtliche Tätigkeit durchgeführt wird. Allerdings ist es bei Vereinen durchaus üblich, dass Ehrenamtlichkeit durch Mit-

---

[40] SCHIMKE/FUCHS, *Rechts–ABC für den Jugendgruppenleiter*, S. 67

[41] SCHIMKE/FUCHS, *Rechts–ABC für den Jugendgruppenleiter*, S. 65

glieder geleistet wird[42]. Diese ist bei Kapitalgesellschaften wie der gGmbH nicht unbedingt üblich. Dem ehrenamtlichen Engagement an sich tut dies keinen Abbruch, ermöglicht der Kapitalgesellschaft allerdings tendenziell projektbezogen ehrenamtliche Kräfte zu mobilisieren, denn auf einen festen Personenkreis zurückzugreifen. Dies ist jedoch mehr ein organisatorischer und sozialer Unterschied denn ein juristischer, weswegen dieser Punkt zum Themenverständnis wichtig erhalten bleibt, aber keiner weiteren Vertiefung bedarf.

IV. Rechtlicher Rahmen freier Jugendarbeit

1. Definition der Jugend

Nach dem Wortlaut des § 7 Abs. 1 Nr. 2 SGB VIII ist Jugendlicher, wer 14, aber noch nicht 18 Jahre alt ist. Nur hierauf bezogen müsste sich also die Jugendarbeit (bzw. Jugendhilfe, synonym zu verwenden[43]) auf diese Altersgruppe als Zielgruppe beschränken.

Hingegen spricht § 11 Abs. 4 SGB VIII beim Begriff der *Jugend* faktisch von der Gruppe der unter 27-Jährigen, indem diese Personengruppe als Zielgruppe von Angeboten der Jugendarbeit definiert wird. Der Hintergrund ist die Würdigung des Gesetzgebers ggü. den Lebensrealitäten von Kindern, Jugendlichen und jungen Menschen, um das Ange-

[42] Burhoff, *Vereinsrecht*, S. 78 Rdn. 89

[43] Deisenhofer/Deisenhofer, *Jugendrecht*, S. 20

bot der Jugendarbeit und Jugendsozialarbeit per Gesetz zu stärken[44]. Eine weitere Definition ist dem Jugendgerichtsgesetz zu entnehmen, welches bei der Gruppe der 18 bis 21-Jährigen von Heranwachsenden spricht (§105 JGG).
Da dies allerdings als Begriff zur Anwendung des Jugendstrafrechts dient, findet er in dieser Untersuchung keine weitere Bedeutung. So ist zwar der Begriff Jugendlicher nach § 7 Abs. 1 Nr. 2 SGB VIII klar definiert für Menschen zwischen 14 und unter 18 Jahren, jedoch ist de facto der Begriff *Jugend* eher an § 7 Abs. 1 Nr. 4 SGB VIII *„junger Mensch, wer noch nicht 27 Jahre alt ist"* orientiert definiert worden.

2. Beziehung der freien Jugendarbeit zum Staat

Die Grundlagen der anerkannten freien Jugendarbeit (begrifflich wie bereits definiert synonym zu Jugendhilfe verwendet) sind der § 75 SGB VIII, die von der Arbeitsgemeinschaft der Obersten Landesjugendbehörden (AGOLJB) am 14./15. April 1994 in Hannover beschlossene Grundsätze für die Anerkennung von Trägern der freien Jugendhilfe sowie teilweise landesspezifische Regelungen, wie z.B. in Hamburg der § 22 Hamburgisches Gesetz zur Ausführung des SGB VIII *Kinder- und Jugendhilfe*[45]. Die freie Jugendarbeit ist nicht weisungsgebunden und komplett eigenständig in ihrer Organisation und Motivation (daher auch die

---

[44] Deisenhofer/Deisenhofer, *Jugendrecht*, S. 19

[45] BASFI, *Richtlinie für die Anerkennung von Trägern der freien Jugendhilfe*, S. 2

Titulierung des Trägers als *frei*). Dennoch gibt es eine starke Beziehung zwischen Trägern der freien Jugendarbeit und zuständigen Ämtern und Behörden, z.B. dem Jugendamt[46]. Dies liegt besonders an den finanziellen Zuwendungen durch diese Ämter für die freien Träger[47].

Freie Träger übernehmen hierbei (oft dank des Ehrenamtes über die Verhältnisse kostensparend) staatliche Aufgaben, festgelegt in den §§ 11ff SGB VIII.

Hierbei wird staatlich der Begriff der *Jugend*, wie bereits festgestellt, auf die Gruppe der unter 27jährigen nach § 11 Abs. 4 SGB VIII i.V.m. §7 Abs. 1 Nr. 4 SGB VIII eingeschränkt. Paradoxerweise ergibt sich aus dem Schritt einer gemeinnützigen Körperschaft, als freier Träger anerkannt werden zu wollen (antragspflichtiger Schritt des Trägers), eine faktische Einschränkung von Freiheit. Dies liegt daran, dass sich der Träger damit vielen Regularien des Staates unterwirft, auch wenn die Freiheit i.S.d. Weisungsungebundenheit als Kernmerkmal erhalten bleibt.

---

[46] EPKENHANS–BEHR, *Beziehungsmuster zwischen Jugendämtern und freien Trägern*, S. 32

[47] EPKENHANS–BEHR, *Beziehungsmuster zwischen Jugendämtern und freien Trägern*, S. 83

3. Finanzierung Freier Jugendarbeit

Die Förderung der Jugendhilfe ist als öffentliche Aufgabe keine *freiwillige Aufgabe*, was nicht nur die bereits erwähnte finanzielle Förderung bedeutet, sondern auch die Verpflichtung des Staates beinhaltet, geeignete Bedingungen für eine kinder– und jugendgerechte Entwicklung zu schaffen, wozu auch die Unterstützung freier Träger der Jugendarbeit gehört[48].

Sofern ein Träger mit Fördermitteln rechnen kann, ist jedoch auch hier zu beachten, dass nicht auf eine Komplettförderung zu hoffen ist, sondern nach § 74 Abs. 1 Satz 1 Nr. 4 SGB VIII eine angemessene Eigenleistung zu erbringen ist, wobei nichtmonitäre Eigenleistungen bislang keiner Standartisierung unterliegen und allenfalls in Einzelfällen Berücksichtigung finden[49].

Die finanzielle Eigenleistung kann aus Spenden, Mitgliedsbeiträgen, Teilnahmegebühren für Angebote und Veranstaltungen oder sonstigen Mitteln bestehen[50]. Bei der Bemessung der Eigenleistung sind nach § 74 Abs. 3 Satz 3 SGB VIII *die unterschiedliche Finanzkraft und die sonstigen Verhältnisse zu berücksichtigen*, da die Eigenleistung

---

[48] DEINET/STURZENHECKER, *Handbuch Offene Kinder– und Jugendarbeit*, S. 619

[49] WIESNER/BERNZEN/KÖSSLER, *Jugendverbände sind zu fördern! Rechtsgutachten*, S. 11

[50] BAYERISCHES LANDESJUGENDAMT, *Grundsätze für die Anerkennung von Trägern der freien Jugendhilfe nach §75 SGB VIII*, S. 4

im sinnvollen Verhältnis zur Fördersumme stehen muss[51]. Die Förderung der freien Jugendhilfe ist als Konsequenz des Subsidiaritätsprinzips Pflicht, wonach freien Trägern hilfreicher Beistand zu leisten ist was als grundsätzliche Verpflichtung in § 4 Abs. 3 SGB VIII ausgesprochen wird, wobei § 12 SGB VIII für die Jugendarbeit eine spezielle Förderungspflicht enthält. Dabei wird wieder auf § 74 SGB VIII verwiesen[52]. Eine Förderungspflicht lässt sich damit insgesamt bejahen.

4. Möglicher Rechtsanspruch auf Fördermittel

Dies bedeutet jedoch nicht automatisch, dass ein einzelner Träger einen Rechtsanspruch auf ihn betreffende finanzielle Zuwendung hat[53]. Aus der Unterscheidung zwischen objektiv–rechtlicher Verpflichtung der Ämter und Behörden und subjektivem Recht der anerkannten freien Träger ergeben sich unterschiedliche Folgen für die gerichtliche und außergerichtliche Kontrolle des Verwaltungshandelns. So können subjektive, öffentliche Rechte, wie beispielsweise der Anspruch auf einen Kindertagesstättenplatz, unter Bejahung aller Voraussetzungen auch gerichtlich durchgesetzt werden. Bei Leistungen objektiv–rechtlicher Verpflichtung, wie bei-

[51] Happe/Saurbier, *Kinderhilfegesetz und Jugendhilfegesetz*, § 74, Rdn. 11ff

[52] Kunkel, *Rechtsfragen der Finanzierung freier Träger in Zentralblatt für Jugendrecht*, S. 3, Abs. 1

[53] Wiesner/Bernzen/Kössler, *Jugendverbände sind zu fördern! Rechtsgutachten*, S. 5

spielsweise Aspekte des erzieherischen Kinder– und Jugendschutzes nach § 14 SGB VIII, hat die Einzelperson (bzw. der jeweilige Träger) jedoch nicht die Möglichkeit, eine Fördersumme gerichtlich erfolgreich einzuklagen[54].

Da die zuständigen Behörden zwar Ermessungsspielraum besitzen, jedoch nicht willkürlich entscheiden dürfen, sei klargestellt, dass es Chancen gibt, ein rechtliches Vorgehen gegen eine Ablehnung der Förderung mit Aussicht auf Erfolg zu beschreiten[55], wobei der Rechtsanspruch keine materiell–rechtliche, sondern eine verfahrensrechtliche Wirkung hat[56]. Welcher Natur (also ob Geld–, Sach– oder Dienstleistungen) und in welchem Umfang bzw. in welcher Höhe eine Förderung erfolgt entscheidet der öffentliche Träger, i.d.R. die zugehörige Behörde, nach eigenem Ermessen i.S.d. § 74 Abs. 3 Satz 1 SGB VIII, wobei jedoch für die Entscheidung über die Aufteilung von Fördermitteln nach § 71 Abs. 2 Nr. 3 SGB VIII der jeweilige Jugendhilfeausschuss zuständig ist[57].

Hierbei ist gerade für die Praxis zu beachten, dass fiskale Hintergründe allein nicht zur Annahme sachwidriger Ermessensausübung führen; da § 74 Abs. 3 Satz 1 SGB VIII

---

[54] Wiesner/Bernzen/Kössler, *Jugendverbände sind zu fördern! Rechtsgutachten*, S. 6

[55] Wiesner/Bernzen/Kössler, *Jugendverbände sind zu fördern! Rechtsgutachten*, S. 12

[56] Wiesner/Bernzen/Kössler, *Jugendverbände sind zu fördern! Rechtsgutachten*, S. 14

[57] Kunkel, *Rechtsfragen der Finanzierung freier Träger in Zentralblatt für Jugendrecht*, S. 2, Abs. 1

ausdrücklich die *verfügbaren Haushaltsmittel* als ermessensleitende Erwägung vorschreibt, wäre folgerichtig die Versagung der Förderung allein aus haushaltsrechtlichen Gründen rechtswidrig[58]. Vielmehr sind die Grundlagen nach § 74 Abs. 2 bis 6 SGB VIII ausschlaggebender gesetzlicher Rahmen der Entscheidung über die Vergabe von Geldern an freie Träger[59]. Besonders zu beachten sind

- das Gleichbehandlungsgebot postuliert in Art. 3 GG und konkretisiert in § 74 Abs. 5 SGB VIII, wonach für die Förderung gleichartiger Maßnahmen mehrerer Träger sowohl freie Träger untereinander als auch freie und öffentliche Träger nach einheitlichen Maßstäben behandelt werden müssen[60];

- die Ermessensbindung durch den Jugendhilfeplan, wonach die Verwaltungsvorschrift des Jugendhilfeplans bindende Wirkung für das Jugendamt entfaltet[61]. Jedoch ist es durchaus möglich, dass auch ohne Jugendhilfeplanung oder sogar ohne Jugendhilfeplan die für die Entscheidung nach § 74 Abs. 3 SGB VIII notwendi-

---

58 KUNKEL, *Rechtsfragen der Finanzierung freier Träger in Zentralblatt für Jugendrecht*, S. 3, Abs. 1

59 KUNKEL, *Rechtsfragen der Finanzierung freier Träger in Zentralblatt für Jugendrecht*, S. 3, Abs. 2

60 KUNKEL, *Rechtsfragen der Finanzierung freier Träger in Zentralblatt für Jugendrecht*, S. 3, Abs. 3

61 KUNKEL, *Rechtsfragen der Finanzierung freier Träger in Zentralblatt für Jugendrecht*, S. 3, Abs. 4

gen Überlegungen angestellt worden sind[62]. Demnach ist das Fehlen eines Jugendhilfeausschusses kein hinreichender Grund für die Annahme eines Ermessensfehlers seitens der Behörde;

- die Gewährleistungspflicht, aus welcher nach § 79 Abs. 2 SGB VIII folgt, dass der öffentliche Träger Mittel zur Verfügung stellen muss, um alle Aufgaben nach § 2 SGB VIII in den geeigneten und erforderlichen Einrichtungen und Diensten rechtzeitig, ausreichend und plural erfüllen zu können[63].

Natürlich besteht für einen öffentlichen Träger die Möglichkeit, auch einen Leistungsvertrag i.S.d. § 74 SGB VIII i.V.m. den §§ 53 und 56 SGB X oder einen Zuwendungsvertrag i.S.d. § 74 SGB VIII i.V.m. § 53 SGB X mit dem freien Träger zu schließen. Dies setzt jedoch meist eine Vereinbarung über ein auf Dauer ausgelegtes Angebot des freien Trägers voraus[64]. Ein Rechtsanspruch auf Vertragsschluss besteht jedoch nicht. Gerade im Bereich der rein ehrenamtlich gestalteten Arbeit freier Träger ist eher vom Fall einer Förderung auf Basis eines Förderungsbescheids auszugehen denn von einer Förderung auf vertraglicher Basis. Hieraus ergibt sich,

---

[62] KUNKEL, *Rechtsfragen der Finanzierung freier Träger in Zentralblatt für Jugendrecht*, S. 4, Abs. 2

[63] KUNKEL, *Rechtsfragen der Finanzierung freier Träger in Zentralblatt für Jugendrecht*, S. 4, Abs. 3

[64] KUNKEL, *Rechtsfragen der Finanzierung freier Träger in Zentralblatt für Jugendrecht*, S. 20

gerade weil ein Rechtsanspruch nicht materiell–rechtlicher sondern verfahrensrechtlicher Natur entspringt, dass es notwendig ist, die zuständigen Behörden als wichtigen Partner zu betrachten. Es ergibt sich jedoch kein Hinweis darauf, dass die Gesellschaftsform hierbei eine Rolle spielen könnte oder dürfte.

B. Gründung

I. Satzung und Gesellschaftsvertrag

Beide Körperschaftsformen – gemeinnütziger e.V. sowie gGmbH – bedürfen einer Satzung bzw. eines Gesellschaftsvertrages. Ihre Rechtsgrundlagen sind das GmbHG sowie die §§ 238 bis 342a HGB für die gGmbH und die §§ 21ff BGB für den eingetragenen Verein[65]. Die Anforderungen des GmbHG bzw. der §§ 21ff BGB sind notwendig sowie hinreichend zur Gründung einer GmbH bzw. eines e.V.s. Notwendig, allerdings nicht hinreichend sind sie für die in dieser Untersuchung betrachteten juristischen Personen.
Weitere gesetzliche Anforderungen an die Satzung einer Körperschaft als Träger der freien Jugendhilfe sind die festgeschriebenen Merkmale

- Gemeinnützigkeit nach § 52 AO sowie
- Trägerschaft der freien Jugendhilfe nach § 75 SGB VIII.

Alle Attribute zur Erlangung beider Körperschaftsmerkmale (die Gemeinnützigkeit durch das Finanzamt, die freie Trägerschaft durch die Behörde des Landesjugendamtes) müssen sich erkennbar in der Satzung bzw. im Gesellschaftsvertrag der Körperschaft wiederfinden. Die Gemeinnützigkeit wurde bereits erörtert. Sie ist zudem auch eine Voraussetzung für die Anerkennung durch die Behörde des Landesju-

[65] ENGLER/HESSE, *Praxisratgeber Gemeinnützige GmbH*, S. 11

gendamtes der freien Trägerschaft. Beide Körperschaftsformen müssen also die in dieser Arbeit erläuterten Voraussetzungen der Gemeinnützigkeit und der freien Trägerschaft sowohl faktisch erfüllen, als auch beide in Ihrer Satzung festschreiben und nach den gleichen Vorgaben aus dem Gemeinnützigkeitsrecht sowie der Grundlagen der freien Trägerschaft formulieren. In diesem Aspekt gibt es somit keinen Unterschied in Punkto Satzung bzw. Gesellschaftsvertrag. Im Übrigen müssen natürlich die inhaltlichen Anforderungen an die jeweilige Körperschaftsform erfüllt werden, welche sich aus dem GmbHG bzw. den §§ 21ff BGB ergeben, was als einziger Unterschied in der Anforderung an die Niederschrift der Satzung betrachtet werden kann.

II. Notarielle Beurkundung

Die notarielle Beurkundung ist die stärkste Urkundsform im bürgerlichen Recht. Der Notar bezeugt, dass die in der Urkunde bezeichnete Person die Erklärung des beurkundeten Inhalts abgegeben hat. Diese Erklärung wird vom Notar in der Form einer Niederschrift festgehalten. Bezeugt wird dadurch nicht nur die Unterschrift, sondern der gesamte Inhalt der Erklärung, nicht jedoch deren inhaltliche Richtigkeit[66]. Nach § 2 Abs. 1 GmbHG bedarf der Gesellschaftsvertrag jeder GmbH der notariellen Beurkundung. Hierbei ist es empfehlenswert, den Gesellschaftsvertrag im engeren Sinne

[66] Reibold, *Praxis des Notariats*, S. 23

(Satzung) in einer Anlage zur Gründungsurkunde aufzunehmen[67]. Der e.V. muss nach § 77 BGB in öffentlich beglaubigter Form zur Anmeldung gebracht werden, wonach auch hier der Notar die Satzung des Vereins beurkundend tätig werden muss[68]. In diesem Punkt scheint es also keinen faktischen Unterschied zwischen der gGmbH und dem e.V. zu geben, beide bedürfen der notariell beurkundeten Satzung und der Eintragung beim Amtsgericht – beim e.V. im Vereinsregister, bei der gGmbH im Handelsregister.
Somit bedürfen beide Körperschaftsformen gleichermaßen der notariellen Beurkundung, weswegen keine der beiden Gründungen im bürokratischen Umfang als geringer und damit einfacher einzustufen ist. Was den organisatorischen Aufwand angeht, ist dies auch richtig, allerdings unterscheiden sich die beiden Vorgänge signifikant in der Höhe der damit verbundenen Notarkosten. Die beim Amtsgericht sowie beim Notar anfallenden Kosten sind bei einem Regelwert von 5.000 € (bei Gemeinnützigen Vereien ggf. niedriger) wie folgt zusammengesetzt; Für die Ersteintragung des Vereins fällt nach Nr. 13100 VV GNotKG eine Gebühr von 75 € an. Entwirft der Notar eine Vereinsregisteranmeldung, fällt nach Nr. 21201 Nr. 5 i. V. mit Nr. 2100 VV GNotKG eine Gebühr i.H.v. 0,5 an, bei einem Geschäftswert von 5.000 € somit 22,50 €, de facto die Mindestgebühr von 30 €. Be-

[67] Reibold, *Praxis des Notariats*, S. 323
[68] Burhoff, *Vereinsrecht*, S. 48 Rdn. 37

glaubigt der Notar hingegen nur eine oder mehrere Unterschriften unter der Vereinsregisteranmeldung, ohne dass er eine Entwurfstätigkeit entfaltet, fällt für die Beglaubigung nur die 0,2 Gebühr nach Nr. 25100 VV GNotKG an, diese beträgt mindestens 20 €[69].

Die gGmbH hingegen muss mit Gründungskosten bis zu 10% ihres minimalen Stammkapitals rechnen, i.d.R. um die 2.000 € inkl. Eintragung[70]. Bei der gUG muss mit etwa 500 € gerechnet werden. Eine vereinfachte Gründung mit Musterprotokoll nach § 2 Abs. 1a GmbHG, welche mit niedrigeren Kosten verbunden wäre, ist nicht möglich, da die Anforderungen der Gemeinnützigkeit Bedingungen an die Satzung enthalten, welche von einem entsprechenden Musterprotokoll nicht abgedeckt werden. Entsprechend ist aufgrund der finanziellen Gründungsbelastung die gGmbH bzw. auch die gUG ggü. dem gemeinnützigen e.V. benachteiligt.

Genauso wie die Beschlüsse der Gesellschafterversammlung bei der gGmbH bedürfen auch die Beschlüsse der Mitgliederversammlung einer Beurkundung, diese muss jedoch nicht notariell erfolgen[71]. Bei Satzungsänderungen oder aber der Eintragung neuer Vorstände ist ebenfalls wieder ein Notar notwendig. Zwar gibt es auch hier einen entsprechenden Unterschied in der Höhe der Notargebühren, jedoch ist dies nicht zwangsläufig ein Nachteil der gGmbH, da man weitläu-

---

[69] BURHOFF, *Vereinsrecht*, S. 51 Rdn. 45

[70] WEIDMANN/KOHLHEPP, *Die gemeinnützige GmbH*, S. 88

[71] BURHOFF, *Vereinsrecht*, S. 105 Rdn. 146

fig eher davon ausgehen kann, dass ein Geschäftsführer tendenziell länger im Amt bleibt denn ein Vereinsvorstand. Je nach individuellem Umgang kann es hier einen Unterschied zwischen den beiden Körperschaftsformen geben, welcher aber, vom individuellen Fall abhängig, in seiner Tendenz zum Vor– oder Nachteil einer Gesellschaftsform ausgelegt werden kann. Der höhere Gründungsaufwand der gGmbH bleibt jedoch als eindeutiger Nachteil erhalten.

III. Antrag auf Gemeinnützigkeit

Beim Entwurf der Satzung bzw. des Gesellschaftsvertrages (und später auch bei jeder Änderung) sollte unbedingt so früh wie möglich, definitiv vor dem Notartermin, das zuständige Finanzamt kontaktiert werden, damit dieses vorab die Satzung prüfen kann und ggf. Änderungswünsche vor Beurkundung eingepflegt werden können[72].

Durch die Gemeinnützigkeitsreform im Jahr 2013 wurde ein vereinfachtes Anerkennungsverfahren nach § 60a AO geschaffen[73]. Der Antrag erfolgt formlos durch in einem Anschreiben kurz erläutertes Anliegen samt beigefügter, beglaubigter Kopie der bereits notariell beurkundeten Satzung bzw. des entsprechenden Gesellschaftsvertrages an das jeweilige Finanzamt[74].

Besonders bei der erstmaligen Prüfung geht es dem Finanz-

[72] Eversberg et al., *Das neue Gemeinnützigkeitsrecht*, S. 17
[73] Weidmann/Kohlhepp, *Die gemeinnützige GmbH*, S. 142
[74] Burhoff, *Vereinsrecht*, S. 363 Rdn. 818

amt lediglich um den Wortlaut der Satzung, welcher wortgetreu den Vorgaben der Abgabenordnung wiedergeben sollte. Nach erfolgter Prüfung erlässt das Finanzamt einen Bescheid, welcher die Anerkennung der Gemeinnützigkeit darstellt[75].

Nach Gründung einer Körperschaft ist dieser Bescheid des Finanzamtes als Feststellungsbescheid bindend[76]. Dieser Feststellungsbescheid ist allerdings im Falle der Änderung der rechtlichen oder auch tatsächlichen Verhältnisse – wenn also die Voraussetzungen der Gemeinnützigkeit nicht mehr gegeben sind – rückwirkend zum Zeitpunkt des genannten Wegfalls in Übereinstimmung mit § 60a Abs. 4 AO aufzuheben[77]. Der Feststellungsbescheid gibt in erster Linie Empfängern von Zuwendungsbescheiden eine Rechtssicherheit, und erst nach Bestätigung durch Überprüfung des Tätigkeitsberichtes für die Körperschaft selbst[78].

IV. Besonderheiten der Gründungsphasen

Der Entstehungsprozess einer GmbH zerfällt nach heutigem Verständnis in drei Abschnitte: Das Vorgründungsstadium, das Gründungsstadium und die fertige Kapitalgesellschaft. Die Einschnitte zwischen diesen Abschnitten bilden die notarielle Beurkundung der Satzung einerseits und die Ein-

[75] BURHOFF, *Vereinsrecht*, S. 363 Rdn. 818
[76] BURHOFF, *Vereinsrecht*, S. 365 Rdn. 825
[77] BURHOFF, *Vereinsrecht*, S. 365 Rdn. 827
[78] WEIDMANN/KOHLHEPP, *Die gemeinnützige GmbH*, S. 143

tragung im Handelsregister andererseits[79]. Hingegen unterteilt sich die Vereinsgründung in zwei Phasen, wonach sich durch die Gemeinschaft der Gründungswilligen vor der notariell beurkundeten Eintragung mindestens eine Gemeinschaft mit der Natur einer GbR bildet, welche durch die Eintragung zur juristischen Person des e.V. wird[80]. Zwar ist hier auch eine Dreiteilung in Vorgründungsphase (GbR), Gründungsphase mit bereits existenter Satzung (nicht eingetragener Verein bzw. Vorverein) und fertiger, eingetragener Verein (e.V.) denkbar – was den Phasen der gGmbH stärker ähnelt, allerdings entspricht der nicht–eingetragene Verein prinzipiell einer GbR[81]. Jedoch werden diesem Vorverein viele Eigenschaften des eingetragenen Vereins zugesprochen[82]. Trotz der unterschiedlichen Rechtsgrundlagen und der unterschiedlichen Eintragungsregister ähneln sich beide Körperschaftsformen in ihrer Gründungsphase.

V. Antrag auf freie Trägerschaft

1. Aufgaben der freien Trägerschaft

An sich wäre eine Tätigkeit im Bereich der gemeinnützigen Jugendarbeit auch ohne amtlich anerkannte Trägerschaft möglich. Es sind jedoch mehrere Rechte freier Träger an

---

[79] PRIESTER/MAYER, *Münchener Handbuch des Gesellschaftsrechts – Band 3: Gesellschaft mit beschränkter Haftung*, § 15, Rdn. 1

[80] BURHOFF, *Vereinsrecht*, S. 43 Rdn. 24

[81] SCHÜNEMANN, *Wirtschaftsprivatrecht*, S. 474f

[82] BURHOFF, *Vereinsrecht*, S. 46 Rdn. 34

eine öffentliche Anerkennung gebunden. Hierzu gehören die Einbeziehung in die Geltung des Subsidiaritätsprinzips (vgl. § 4 Abs. 2 SGB VIII), die Möglichkeit, Vorschläge in den Landesjugendhilfeausschuss und für die Berufung von Frauen und Männern in den Jugendhilfeausschuss zu machen (§ 71 SGB VIII), eine auf Dauer angelegte öffentliche Förderung der eigenen Tätigkeit auf dem Gebiet der Jugendhilfe (§ 74 Abs. 1 SGB VIII), die Übertragung von Aufgaben der Inobhutnahme von Kindern und Jugendlichen (§ 42 SGB VIII), die Mitwirkung in Verfahren vor den Vormundschafts– und Familiengerichten, in Verfahren nach dem Jugendgerichtsgesetz (§§ 50 bis 52 SGB VIII) sowie die Beteiligung an der Jugendhilfeplanung (§ 80 Abs. 3 SGB VIII).

Als Träger der freien Jugendhilfe sind demnach alle Rechtssubjekte anzusehen, die Leistungen der Jugendhilfe erbringen, soweit sie nicht Träger der öffentlichen Jugendhilfe sind oder sonst als öffentliche Körperschaften Aufgaben der öffentlichen Jugendhilfe wahrnehmen (z. B. §§ 82, 85 Abs. 5, 69 Abs. 5 SGB VIII). Neben den im Gesetz ausdrücklich genannten Kategorien von Trägern der freien Jugendhilfe, nämlich den Verbänden der freien Wohlfahrtspflege und den Kirchen und Religionsgemeinschaften des öffentlichen Rechts (§ 75 Abs. 3 SGB VIII) sowie den Verbänden, Gruppen und Initiativen der Jugend (§§ 11 Abs. 2 Satz 1, 12 SGB VIII), können daher auch andere juristische Personen (wie z. B. der eingetragene Verein, die gGmbH oder eine Stiftung) oder Personenvereinigungen (wie der nicht eingetragene Verein oder die Gesellschaft bürgerlichen Rechts) Träger der freien Jugendhilfe sein[83].

2. Voraussetzungen für die Anerkennung nach § 75 Abs. 1 SGB VIII

a) Tätigkeit auf dem Gebiet der Jugendhilfe

Der anzuerkennende Träger muss selbst auf dem Gebiet der Jugendhilfe tätig sein (vgl. § 75 Abs. 1 Nr. 1 SGB VIII), d.h. selbst Leistungen erbringen, die unmittelbar oder mittelbar zur Erfüllung der Aufgaben der Jugendhilfe beitragen.
Nicht ausreichend wäre es, wenn ein Träger sich nur darauf beschränken würde, bestimmte kinder– und jugendpolitische Forderungen gegenüber Politik und Öffentlichkeit oder gegenüber der Praxis der Jugendhilfe zu vertreten. Die Leistungen müssen auf die pädagogischen Ziele des KJHG ausgerichtet sein, nicht etwa nur auf die Schaffung äußerer Rahmenbedingungen (z.B. Bereitstellung von Räumen).
Des Weiteren können nur Träger anerkannt werden, die die Entwicklung junger Menschen zu eigenverantwortlichen und gemeinschaftsfähigen Persönlichkeiten zum Ziel haben. Träger, die sich lediglich auf die Vermittlung einzelner Kennt-

[83] Bayerisches Landesjugendamt, *Grundsätze für die Anerkennung von Trägern der freien Jugendhilfe nach § 75 SGB VIII*, S. 3

nisse und Fähigkeiten beschränken, können nicht anerkannt werden.

Träger der freien Jugendhilfe müssen nicht ausschließlich oder überwiegend Aufgaben der Jugendhilfe erfüllen. Die Tätigkeit auf dem Gebiet der Jugendhilfe muss aber sowohl nach der Satzung als auch nach der praktischen Arbeit als ein genügend gewichtiger, von anderen Aufgaben abgegrenzter Schwerpunkt erscheinen. Im Anerkennungsbescheid soll in diesen Fällen zum Ausdruck kommen, auf welche vom Träger wahrgenommenen Aufgaben der Jugendhilfe sich die Anerkennung bezieht. Nicht anerkannt werden können Träger, die außerhalb der Jugendhilfe liegende Ziele verfolgen, selbst wenn sie mit ihren Angeboten zum Teil auch junge Menschen ansprechen[84].

b) Verfolgung gemeinnütziger Ziele

Der Träger muss zwingend gemeinnützige Ziele verfolgen (vgl. § 75 Abs. 1 Nr. 2 SGB VIII). Die Verfolgung gemeinnütziger Ziele ist dann anzunehmen, wenn eine steuerrechtliche Gemeinnützigkeitsfeststellung vorliegt. Fehlt eine solche Feststellung, ist zu prüfen, ob die vom Träger gemachten Angaben die Annahme rechtfertigen, der Träger verfolge gemeinnützige Ziele. Die Prüfmaßstäbe der Vorschriften über steuerbegünstigte Zwecke der AO, namentlich die

[84] BASFI, *Richtlinie für die Anerkennung von Trägern der freien Jugendhilfe*, S. 3

§§ 51 bis 68 AO, sind in diesen Fällen sinngemäß anzuwenden, d.h. insbesondere die Tätigkeit des Trägers darf nicht nur einem geschlossenen Kreis von Mitgliedern oder anderen begünstigten Personen zugute kommen, die Tätigkeit darf nicht in erster Linie auf eigenwirtschaftliche Zwecke ausgerichtet sein und die wesentlichen Voraussetzungen der Gemeinnützigkeit müssen schon aus dem Organisationsstatut ersichtlich sein[85]. Im Rahmen dieser Arbeit ist jedoch von einer vorliegenden Steuerbegünstigung aufgrund von Gemeinnützigkeit auszugehen, weswegen diese Alternativprüfung nicht weitergehend zu untersuchen ist.

c) Anforderungen an die Leistungsfähigkeit und Fachlichkeit des Trägers

Eine Anerkennung darf weiterhin nur ausgesprochen werden, wenn der Träger aufgrund der fachlichen, personellen und organisatorischen Voraussetzungen erwarten lässt, dass er einen nicht unwesentlichen Beitrag zur Erfüllung der Aufgaben der Jugendhilfe zu leisten imstande ist (vgl. § 75 Abs.1 Nr. 3 SGB VIII). Für die Beurteilung des Kriteriums *nicht unwesentlicher Beitrag* kommt es darauf an, die Leistungen des betreffenden Trägers in quantitativer und qualitativer Hinsicht zu bewerten und mit dem Gesamtumfang der bedarfsnotwendigen und der bereits vorhandenen Jugendhilfe-

[85] BASFI, *Richtlinie für die Anerkennung von Trägern der freien Jugendhilfe*, S. 4

leistung im jeweiligen Arbeitsfeld in Vergleich zu setzen. Im Regelfall ist eine sichere Beurteilung erst möglich, wenn der Träger über einen Zeitraum von mehr als einem Jahr auf dem Gebiet der Jugendhilfe kontinuierlich tätig gewesen ist. Seine Arbeit soll der Behörde seit mindestens sechs Monaten bekannt sein[86]. Folglich gibt es also eine Phase, in welcher der Antragsteller zwar bereits voll aktiv ist, aber noch nicht von der Behörde anerkannt. Allerdings gibt es keine Regelung, dass der potentielle Träger bereits in der fertigen Köperschaftsform tätig gewesen sein muss. Die Aktivität der Vorgesellschaft, des Vorvereins oder Vorgängerorganisation zählt auch zur genannten Frist. Relevant ist lediglich, dass die Aktivität mindestens ein Jahr umfasst, seit mindestens sechs Monaten der Behörde bekannt sein muss und sich aus dem diesen Zeitumfang betreffenden Tätigkeitsbericht für die Behörde ersichtlich ergibt, dass der potentielle Träger über das notwendige Potential zur Erfüllung der Aufgaben eines freien Trägers im entsprechenden Umfang verfügt.

d) Gewähr für eine den Zielen des Grundgesetzes förderliche Arbeit

Von einem Träger der freien Jugendhilfe wird die Gewähr für eine den Zielen des Grundgesetzes förderliche Arbeit verlangt (vgl. § 75 Abs.1 Nr. 4 SGB VIII). Die Verfas-

[86] BASFI, *Richtlinie für die Anerkennung von Trägern der freien Jugendhilfe*, S. 4

sungsrechtssprechung hat es bislang vermieden, die *Ziele des Grundgesetztes* enumerativ aufzuzählen. Im Kernbereich bedeuten sie jedoch die spezifisch liberalen und demokratischen Grundelemente der verfassungsmäßigen Ordnung, also das, was für eine freiheitliche Demokratie wesensnotwendig ist. Das Bundesverfassungsgericht beschreibt sie als eine Gewalt und Willkür ausschließende *rechtsstaatliche Herrschaftsordnung auf der Grundlage der Selbstbestimmung des Volkes nach dem Willen der jeweiligen Mehrheit und der Freiheit und Gleichheit*, zu deren grundlegenden Prinzipien mindestens zu rechnen sind die Achtung vor den im Grundgesetz konkretisierten Menschenrechten, vor dem Recht der Persönlichkeit auf Leben und freie Entfaltung, die freie Volkssouveränität, die Gewaltenteilung, die Verantwortlichkeit der Regierung, die Gesetzmäßigkeit der Verwaltung, die Unabhängigkeit der Gerichte, das Mehrparteiensystem und die Chancengleichheit aller politischen Parteien mit dem Recht auf verfassungsmäßige Bildung und Ausübung einer Opposition[87].

Die Erfüllung von Aufgaben der Jugendhilfe im Sinne eines umfassenden Erziehungsauftrages, die jungen Menschen zu befähigen, ihre Anlagen und Fähigkeiten zu entwickeln, ihre Persönlichkeit zu entfalten, die Würde des Menschen zu achten und ihre Pflichten gegenüber den Mitmenschen in Fa-

[87] BASFI, *Richtlinie für die Anerkennung von Trägern der freien Jugendhilfe*, S. 4

milie, Gesellschaft und Staat zu erfüllen, bietet in der Regel Gewähr für eine den Zielen des Grundgesetzes förderliche Arbeit[88].

3. Ablauf des Anerkennungsverfahrens

Die Anerkennung als Träger der freien Jugendarbeit basiert bundeseinheitlich auf § 75 SGB VIII. Allerdings ist das Verfahren in die länderspezifischen Strukturen integriert. Am Beispiel Hamburgs ist hierfür die *BASFI (Behörde für Arbeit, Soziales, Familie und Integration)* zuständig, in Bayern das *Zentrum Bayern Familie und Soziales – Bayerisches Landesjugendamt.* Im Anerkennungsverfahren wird geprüft, inwieweit die entsprechenden Ziele des Kinder– und Jugendhilfegesetzes (wie bereits ausführlich erörtert) vom Antragsteller verfolgt und umgesetzt werden. Neben diesem Aspekt spielt ebenso, wie bereits dargelegt, die hinter dem Antragsteller stehende Leistungsfähigkeit eine Rolle. Hierfür ist mitunter mindesten ein Jahr Tätigkeit sowie ein Tätigkeitsbericht einzureichen[89]. Bei Vereinen kann diese Leistungsfähigkeit teils schlicht aus dem Umstand abgeleitet werden, dass diese aus mindestens sieben Personen bestehen müssen, wobei sich dies nur auf natürliche Personen bezieht[90], bei der gGmbH schlicht aus dem Minimum an finanziellem

[88] BASFI, *Richtlinie für die Anerkennung von Trägern der freien Jugendhilfe*, S. 5

[89] BASFI, *Richtlinie für die Anerkennung von Trägern der freien Jugendhilfe*, S. 8

[90] Burhoff, *Vereinsrecht*, S. 43 Rdn. 25

Background in Form der Mindesteinlage nach § 5 Abs. 1 GmbHG [91]. Eine Ausnahme stellen hier die gUG (haftungsbeschränkt) als Kapitalgesellschaft nach § 5a GmbHG dar, da diese weder eine Mindestpersonenzahl, noch eine nennenswerte Mindestkapitalgröße zu Ihrer Gründung und Unterhaltung voraussetzt[92]. Diese müssen schlicht auf Grundlage ihres Tätigkeitsberichts überzeugen, und haben damit de facto ggf. eine ggü. e.V. oder gGmbH höhere Nachweiserwartung durch die Ämter zu erwarten.
Die Anerkennung erfolgt auf Grundlage eines schriftlichen Antrags in folgenden Schritten:

1. nach in der Regel einem Jahr kontinuierlicher Arbeit auf dem Gebiet der Jugendhilfe und Vorliegen der Anerkennungsvoraussetzungen nach § 75 Abs. 1 SGB VIII wird grundsätzlich eine auf zwei Jahre befristete (Erst–) Anerkennung erteilt (§ 75 Abs. 1 SGB VIII) und

2. nach dreijähriger kontinuierlicher Tätigkeit auf dem Gebiet der Jugendhilfe und Vorliegen der Anerkennungsvoraussetzungen nach § 75 Abs. 1 SGB VIII ist die Anerkennung zu erteilen (§ 75 Abs. 2 SGB VIII)[93].

---

[91] Priester/Mayer, *Münchener Handbuch des Gesellschaftsrechts – Band 3: Gesellschaft mit beschränkter Haftung*, § 7, Rdn. 1

[92] Volkelt, *Die Unternehmergesellschaft (UG)*, S. 184

[93] BASFI, *Richtlinie für die Anerkennung von Trägern der freien Jugendhilfe*, S. 6

4. Unterscheidung der Körperschaften durch die anerkennenden Ämter

Tatsächlich gibt es keinen Hinweis auf eine prinzipielle Unterscheidung nach der Natur der Körperschaft. Lediglich die in § 75 Abs.1 Nr. 3 SGB VIII geforderte Leistungsfähigkeit kann wie erörtert zu unterschiedlichen Anforderungen an die Art des Nachweises führen, was in der Natur der unterschiedlichen Körperschaften liegt – dies allerdings nicht zwingend so sein muss. So kann natürlich auch eine gGmbH (oder gUG) den Nachweis erbringen, über entsprechende personelle (auch ehrenamtliche) Kräfte zu verfügen. Ebenso kann ein Verein verdeutlichen, stark auf dingliche Ressourcen denn auf personelle zurückgreifen zu können. Die Art des Nachweises bleibt der Körperschaft selbst überlassen und unterliegt eher einer statistisch bedingten relativen Häufigkeit und weniger eines juristischen Anspruchs.

C. Führung

I. Die Rechtsfähigkeit im Rechtsverkehr

Bei einem eingetragene Verein handelt es sich um eine juristische Person privaten Rechts. Dieser besitzt damit rechtliche Selbständigkeit, ist rechtsfähig und kann Träger von Rechten und Pflichten sein[94]. Ebenso bei einer gGmbH. Juristische Personen sind sowohl vermögensfähig als auch rechtsfähig, aber nicht handlungsfähig. Hierfür benötigen sie natürliche Personen, welche die auch als Körperschaft bezeichnete juristische Person nach innen und außen vertreten[95]. Dies geht auch mit dem strafrechtlichen Umstand einher, dass das deutsche Recht keine Strafbarkeit für eine juristische Person sieht, sondern lediglich für natürliche Personen. Die Grundlage der Strafbarkeit ist der § 14 Abs. 1 StGB und bezieht sich auf die für die Körperschaft handelnden Personen, also Vorstand des e.V.s und Geschäftsführer der gGmbH.

Gleichzeitig bedarf eine juristische Person dieser natürlichen Personen als für sie Handelnder. So kann die juristische Person zwar Verträge schließen, bedarf hierfür jedoch des für sie Handelnden. Jede GmbH ist nach § 13 GmbHG eine juristische Person. Der Unterschied zum Verein ist, dass der e.V. im Vereinsregister und die GmbH im Handelsregis-

[94] Burhoff, *Vereinsrecht*, S. 35 Rdn. 6

[95] Schwab/Löhnig, *Einführung in das Zivilrecht*, S. Rdn. 176

ter des jeweiligen Amtsgerichts eingetragen wird[96], für die gGmbH der oder die Geschäftsführer und für den e.V. der Vorstand/die Vorstände je als natürliche Person handelt.

II. Entscheidungsgremien

1. Geschäftsführung und Vereinsvorstand

Ein Verein muss entsprechend § 26 Abs. 1 Satz 1 BGB einen Vorstand haben, welcher nach § 26 Abs. 2 Satz 1 BGB aus mehreren Personen bestehen kann jedoch nicht muss. Nach § 58 Nr. 3 BGB muss die Satzung eines Vereins auch eine Bestimmung über die *Bildung des Vorstands* enthalten[97]. Aus wie vielen Personen genau ein Vereinsvorstand bestehen muss, überlässt das Gesetz somit explizit den Vereinen zur eigenen und zwingenden Entscheidung.

Der oder die Geschäftsführer einer GmbH unterliegen der Weisung der Gesellschafter, sind jedoch alleinig vertretungsberechtigt[98]. Für die Bestellung des Geschäftsführers ist nach § 46 Nr. 5 GmbhG die Gesellschafterversammlung verantwortlich[99]. In der Praxis ergibt sich daraus, dass die Gesellschafterversammlung die strategischen Entscheidungen langfristiger Ziele trifft und der oder die Geschäftsführer die operativen Entscheidungen der Umsetzung.

---

[96] Weidmann/Kohlhepp, *Die gemeinnützige GmbH*, S. 18
[97] Burhoff, *Vereinsrecht*, S. 221 Rdn. 438
[98] Weidmann/Kohlhepp, *Die gemeinnützige GmbH*, S. 22
[99] Weidmann/Kohlhepp, *Die gemeinnützige GmbH*, S. 45

Der Geschäftsführer hat konkrete Pflichten[100]:

- Treuepflicht gegenüber der GmbH
- Aktive Unternehmensleitung, was bedeutet, dass ein Geschäftsführer gemäß § 43 Abs. 1 GmbHG *mit der Sorgfalt eines ordentlichen Geschäftsmannes* seine Tätigkeiten zu verrichten hat
- Bonitätsprüfung neuer Geschäftspartner
- Erhaltung des Stammkapitals: ein Geschäftsführer ist dafür verantwortlich, dass das Vermögen, welches zur Erhaltung des Stammkapitals erforderlich ist, nicht an die Gesellschafter ausgezahlt wird – bei der gGmbH darf zudem gar kein Kapital an die Gesellschafter ausgezahlt werden.
- Führen der Bücher, was bedeutet, dass die ordnungsgemäße Buchführung dem Geschäftsführer obliegt. Dasselbe gilt für die Erstellung des Jahresabschlusses.
- Gesamthaftung aller Geschäftsführer, was bedeutet, dass in Fällen, in denen sich die Geschäftsführer einer GmbH gegenüber dieser schadenersatzpflichtig machen, sie alle gemäß § 43 Abs. 2 GmbHG gesamtschuldnerisch haften.

[100] Weidmann/Kohlhepp, *Die gemeinnützige GmbH*, S. 44f

- Haftung bei Insolvenzverschleppung und für Steuern: der Geschäftsführer hat gemäß § 64 Abs. 1 GmbHG einen Insolvenzantrag zu stellen, wenn davon auszugehen ist, dass eine Insolvenz unvermeidbar ist. Des Weiteren ist er gemäß § 43 GmbHG dazu verpflichtet, die steuerlichen Pflichten einer GmbH zu erfüllen, welche beispielsweise die Abgabe einer ordnungsgemäßen Steuererklärung sowie das Zahlen von Steuern beinhalten.

- Pflichten im Auslandsgeschäft, welche sich beispielsweise darauf beziehen, dass ein Geschäftsführer die GmbH gegen finanzielle Risiken absichern muss, welche sich gegebenenfalls aus geschäftlichen Beziehungen mit ausländischen Geschäftspartnern ergeben könnten.

2. Mitglieder und Mitarbeiter

a) Rechte und Pflichten von Vereinsmitgliedern

Entsprechend den gesetzlichen Vorgaben haben auf der Grundlage des § 38 BGB alle Vereinsmitglieder die gleichen Rechte. Das gilt auch für Minderjährige, auch wenn ihre Rechte von den gesetzlichen Vertretern ausgeübt werden. Die Satzung kann aber verschiedene Arten von Mitgliedern mit unterschiedlicher Rechtsstellung vorsehen. Sie muss dann aber die unterschiedlichen Rechte und Pflichten der einzelnen Gruppen eindeutig festlegen[101]. In der Praxis sind folgende Arten der Mitgliedschaft üblich[102]:

- ordentliche Mitglieder
- aktive Mitglieder
- passive Mitglieder
- Fördermitglieder
- Ehrenmitglieder
- minderjährige Mitglieder

Die Mitgliedschaft wird durch Beteiligung an der Gründung[103] oder später durch Vertrag zwischen dem Verein und dem Mitglied erworben[104]. Außer diesen durch die Satzung zu bestimmenden Rechten unterschiedlicher Mitgliedergruppen regelt das Gesetz das Recht auf Mitverwaltung sowie besondere Schutzrechte, wie Minderheitenrechte[105]. Die Mitverwaltungsrechte gewähren ihren Vereinsmitgliedern vor allem die Befugnis, aktiv am Leben des Vereins teilzunehmen und dadurch die Geschicke des Vereins mitbestimmen zu können[106].

[101] Burhoff, *Vereinsrecht*, S. 136 Rdn. 228
[102] Burhoff, *Vereinsrecht*, S. 137 Rdn. 229
[103] Burhoff, *Vereinsrecht*, S. 42 Rdn. 22
[104] Burhoff, *Vereinsrecht*, S. 81 Rdn. 94
[105] Ott/Wörle–Himmel, *Vereine gründen und erfolgreich führen*, S. 139f
[106] Ott/Wörle–Himmel, *Vereine gründen und erfolgreich führen*, S. 141

Hierzu gehören:

- Einladung sowie Teilnahme an der Mitgliederversammlung
- Rede-, Auskunfts– und Antragsrecht in der Mitgliederversammlung
- Stimmrecht in der Mitgliederversammlung
- aktives sowie passives Wahlrecht

Das Stimmrecht des Mitglieds in der Mitgliederversammlung ist eines der wichtigsten Mitgliedschaftsrechte. Der Grundsatz der Gleichbehandlung aller Mitglieder hat zur Folge, dass grundsätzlich jedes Mitglied genau eine Stimme hat[107]. Soll das Stimmrecht einzelner Gruppen von Mitgliedern erweitert oder eingeschränkt werden, ist eine solche Regelung in der Satzung erforderlich[108]. Entsprechend ist jedes Vereinsmitglied berechtigt, die Ungültigkeit von Beschlüssen der Mitgliederversammlung gerichtlich im Klageweg feststellen zu lassen. Selbstverständlich können sich ihre Mitglieder gerichtlich auch gegen eine gesetzes– oder satzungswidrige Behandlung wehren. Jedes Mitglied hat darüber hinaus das Recht auf gleiche Behandlung und auf Beachtung der Treuepflicht seitens des Vereins[109]. Von großer praktischer Bedeu-

[107] Burhoff, *Vereinsrecht*, S. 139 Rdn. 233

[108] Burhoff, *Vereinsrecht*, S. 209 Rdn. 410

[109] Ott/Wörle–Himmel, *Vereine gründen und erfolgreich führen*, S. 140

tung sind die im Gesetz nicht geregelten Vorteilsrechte ihrer Mitglieder. Unter diesen Vorteilsrechten versteht man nun die Rechte der Mitglieder ihres Vereins, die sich aus der Beteiligung an der Verfolgung des gemeinsamen Vereinszwecks ergeben[110].

Neben den Rechten von Mitgliedern sind auch die Pflichten zu untersuchen. Hierbei gilt es zu untersuchen, ob Vereinsmitglieder ggü. Dritten oder ggü. dem Verein haftbar gemacht werden können.

Das Vermögen des Vereins als juristische Person ist nicht auch Vermögen der Mitglieder. Diese haben deshalb für Schulden des Vereins nur aufzukommen, wenn dafür eine besondere Rechtsgrundlage durch Einzelvertrag zwischen Verein und Mitglied oder durch eine Satzungsvorschrift gegeben ist[111]. Da die arbeitsrechtlichen Vorschriften in Ermangelung eines Arbeitsverhältnisses keine Anwendung für Vereinsmitglieder finden, also nicht anwendbar sind, hat der Gesetzgeber dann mit Wirkung vom 3. Oktober 2009 durch das *Gesetz zur Begrenzung der Haftung von ehrenamtlich tätigen Vereinsvorständen* in § 31a BGB eine Haftungsbeschränkung für den im Wesentlichen ehrenamtlich tätigen Vorstand eingeführt[112]: *§ 31a Abs. 1: Sind Organmitglieder oder besondere Vertreter unentgeltlich tätig oder erhalten sie für ihre Tätigkeit eine Vergütung, die 720 Euro jähr-*

[110] Burhoff, *Vereinsrecht*, S. 142 Rdn. 242
[111] Burhoff, *Vereinsrecht*, S. 147 Rdn. 259
[112] Burhoff, *Vereinsrecht*, S. 260 Rdn. 260 & S. 251ff Rdn. 505ff

lich nicht übersteigt, haften sie dem Verein für einen bei der Wahrnehmung ihrer Pflichten verursachten Schaden nur bei Vorliegen von Vorsatz oder grober Fahrlässigkeit. Satz 1 gilt auch für die Haftung gegenüber den Mitgliedern des Vereins. Ist streitig, ob ein Organmitglied oder ein besonderer Vertreter einen Schaden vorsätzlich oder grob fahrlässig verursacht hat, trägt der Verein oder das Vereinsmitglied die Beweislast.

§ *31a Abs. 2: Sind Organmitglieder oder besondere Vertreter nach Absatz 1 Satz 1 einem anderen zum Ersatz eines Schadens verpflichtet, den sie bei der Wahrnehmung ihrer Pflichten verursacht haben, so können sie von dem Verein die Befreiung von der Verbindlichkeit verlangen. Satz 1 gilt nicht, wenn der Schaden vorsätzlich oder grob fahrlässig verursacht wurde.* Diese sind auch auf mit wichtigen Aufgaben betraute Vereinsmitglieder anwendbar[113]. Die Haftungsbeschränkung gilt allerdings nur gegenüber dem Verein, nicht auch gegenüber den anderen Vereinsmitgliedern. Für die Schädigung anderer Vereinsmitglieder gilt dasselbe wie für die Schädigung Dritter. Es bleibt also bei dem allgemeinen Verschuldensmaßstab, so dass für jeden Grad von Fahrlässigkeit gehaftet wird[114].

Jedes Mitglied ist darüber hinaus auch zur Treue ggü. dem

[113] Burhoff, *Vereinsrecht*, S. 148 Rdn. 261
[114] Burhoff, *Vereinsrecht*, S. 151 Rdn. 266

Verein verpflichtet[115]. Weitere Pflichten ergeben sich vertraglich etwa aus der Vereinssatzung und Vereinsordnung, wie etwa die Zahlungspflicht des Mitgliedsbeitrages, aber auch weitere sich aus Satzung und Ordnung bzw. separater vertraglicher Vereinbarung ergebenden Aufgaben.

b) Rechte und Pflichten von ehrenamtlichen Mitarbeitern

Sofern ehrennamtliche Mitarbeiter gleichzeitig Mitglieder eines e.V.s, Vorstand eines e.V.s, Geschäftsführer oder Gesellschafter einer gGmbH sind, haben sie aus diesem Verhältnis entsprechende Rechte. Darüber hinaus kann aber jeder sowohl für einen e.V. oder eine gGmbH ehrenamtlich tätig werden, ohne eine der genannten Positionen inne zu haben. Eine gGmbH kann gar nicht Mitglieder i.S. eines e.V.s haben.

In § 72a SGB VIII ist geregelt, dass die Jugendämter als öffentliche Träger der Jugendhilfe mit anerkannten freien Trägern der Jugendhilfe Vereinbarungen zur Umsetzung dieses Paragrafen treffen sollen. Durch diese Vereinbarungen verpflichten sich die freien Träger, erweiterte Führungszeugnisse von (auch) ehrenamtlichen Mitarbeitern einzusehen. Ziel ist es, einschlägig vorbestraften Personen den Zugang zur Kinder- und Jugendarbeit nachhaltig zu verwehren. Folglich

---

[115] Ott/Wörle–Himmel, *Vereine gründen und erfolgreich führen*, S. 142

besteht für die ehrenamtlichen Mitarbeiter freier Träger die Pflicht zur Vorlage dieses erweiterten Führungszeugnisses nach Aufforderung durch den Träger. Rechtlich ist zwar nur der Träger in der Pflicht, die Zeugnisse seiner Ehrenamtlichen einzusehen, nicht jedoch der Ehrenamtliche verpflichtet diese vorzuzeigen. Allerdings wäre es augrund der Pflichten eines freien Trägers dem freien Träger bei Weigerung des ehrenamtlichen Mitarbeiters, das Zeugnis vorzulegen, nicht möglich den betreffenden ehrenamtlichen Mitarbeiter weiterhin für sich aktiv werden zu lassen. Sofern der Ehrenamtliche also weiterhin ehrenamtlich für (einen) Träger der freien Jugendhilfe aktiv bleiben möchte, ist er bei Aufforderung praktisch verpflichtet, das erweiterte Führungszeugnis i.S.d. § 72 a SGB VIII auch vorzuzeigen.

Ehrenamtliche Mitarbeiter sind keine Angestellten, auch wenn sie viele Aufgaben verbindlich übernehmen. Möglicherweise könnten bei Ehrenamtlichen dennoch Arbeitnehmerrechte analog angewendet werden. Dies wurde allerdings bereits 1994 im Bezug auf die Analogie zur Arbeitnehmerhaftung vom Bundesarbeitsgericht verneint[116]. Ebenso verneinte das BAG 2012 die Anwendbarkeit von Arbeitnehmerrechten wie dem Kündigungsschutz[117]. Auch in der Praxis werden Arbeitnehmerrechte lediglich hauptamtlichen, nicht

---

[116] Burhoff, *Vereinsrecht*, S. 250 Rdn. 503

[117] BAG-Urteil, *Entscheidung vom 29. August 2012, 10 AZR 499/11*, S. BAG–Urteil

jedoch ehrenamtlichen Mitarbeitern zugesprochen[118]. Das Recht Ehrenamtlicher auf Auszahlung von Geldern durch die Körperschaft beschränkt sich auf Erstattung ihrer Ausgaben nach § 670 BGB. Zwar gibt es die steuerrechtliche Möglichkeit steuerfreier Aufwendungen für ehrenamtliche Mitarbeiter, jedoch gibt es keinen Rechtsanspruch, weder auf die Ehrenamtspauschale nach § 3 Nr. 26a EStG noch auf die Übungsleiterpauschale nach § 3 Nr. 26 EStG. Somit sind Rechte und Pflichten ehrenamtlicher Mitarbeiter in erster Linie vertraglich zu regeln.

c) Bezug zur Körperschaftsform

Eine gGmbH kann keine Mitglieder haben, und hat damit regulär weniger Verpflichtungen ggü. den für sie tätigen Ehrenamtlichen als ein e.V. Allerdings kann sie in Ermangelung an Mitgliedern auch weniger leicht Personen zu ehrenamtlichen Tätigkeiten faktisch verpflichten wie ein e.V. seine Mitglieder durch Satzungsgemäße Mitgliederpflichten. Dies ginge lediglich vertraglich, wobei ein Vetrag immer eine individuelle Angelegenheit zwischen dem jeweiligen Mitarbeiter und der gGmbH ist, während eine Vereinssatzung automatisch für alle Mitglieder gilt. Tatsächlich muss bei jedem neuen Projekt der gGmbH erneut nach Ehrenamtlichen gesucht werden, während der Verein meist auf seine Mit-

[118] IGL, *Rechtliche Rahmenbedingungen bürgerschaftlichen Engagements*, S. 251

glieder zurückgreifen kann. Allerdings haben die Vereinsmitglieder wiederum durch die basisdemokratische Struktur des Vereins von vornherein mindestens über die Mitgliederversammlung die Möglichkeit der Einflussnahme auf die Tätigkeit und operative Ausrichtung des Vereins, wärend dies bei der gGmbH den Gesellschaftern mittels Gesellschafterversammlung vorbehalten ist. Durch die satzungsgemäße Verpflichtung zur Zahlung eines Mitgliedsbeitrages kann damit – je nach Höhe des Beitrags und Anzahl der Mitglieder – auch ein wesentlicher Vorteil in der Schaffung finanzieller Grundlagen für die Aktivitäten der Körperschaft beim e.V. liegen.

3. Das oberste Entscheidungsgremium

a) Die Mitgliederversammlung des e.V.

Die Mitgliederversammlung ist nach § 32 BGB das oberste Organ des Vereins und ordnet mittels Beschluss alle Angelegenheiten des Vereins, soweit diese nicht vom Vorstand oder einem anderen Vereinsorgan zu besorgen sind[119]. In der Mitgliederversammlung artikuliert sich durch die Stimmabgabe der Mitglieder der Wille des Vereins[120]. Die Rechte der Mitgliederversammlung können durch die Satzung auch einschränkend geregelt werden. Die Satzung kann die Zuständigkeit anderer Vereinsorgane, wie eines Beirats, auch nicht

---

[119] Ott/Wörle–Himmel, *Vereine gründen und erfolgreich führen*, S. 154

[120] Burhoff, *Vereinsrecht*, S. 151 Rdn. 267

in der Weise erweitern, dass das Vereinsleben praktisch nur noch von diesem bestimmt wird, wenn die Vereinsmitglieder auf die Bestellung und Kontrolle dieses Vereinsorgans keinen Einfluss haben[121].

In der Praxis wird meist zwischen einer *ordentlichen* und einer *außerordentlichen* Mitgliederversammlung unterschieden. Das Gesetz selbst unterscheidet zwischen diesen nicht. Als ordentliche Mitgliederversammlung wird diejenige Versammlung verstanden, die nach der Satzung zu bestimmten Zeiten regelmäßig stattfinden muss. Als außerordentliche Mitgliederversammlung wird die Zusammenkunft bezeichnet, die nicht regelmäßig, sondern aus einem besonderen Anlass einberufen wird[122].

Eine Mitgliederversammlung darf auch online durchgeführt werden, wobei sicherzustellen ist, dass jedes Vereinsmitglied die Möglichkeit erhält, an der Versammlung teilzunehmen[123].

Zu klären ist ferner, inwieweit die Mitgliederversammlung gegenüber dem Vorstand ein Weisungsrecht hat. Dies ist zu verneinen, wenn z.B. der Vorstand nach der Satzung für definierte Angelegenheiten allein zuständig ist. Die Mitgliederversammlung kann in diesem Fall durch Empfehlungen auf die Entscheidungen des Vorstands Einfluss nehmen. Hält der Vorstand sich nicht an diese Empfehlungen, hat

[121] Burhoff, *Vereinsrecht*, S. 151 Rdn. 268

[122] Burhoff, *Vereinsrecht*, S. 152 Rdn. 270

[123] Burhoff, *Vereinsrecht*, S. 153 Rdn. 272

die Mitgliederversammlung der Möglichkeit, den Vorstand abzuwählen[124]. Sofern nicht durch die Satzung anders bestimmt, ist der Vorstand i.S.d. § 26 Abs. 2 BGB für die Einberufung der Mitgliederversammlung, welche mindestens einmal im Jahr stattfinden muss, verantwortlich[125]. Nach § 37 Abs. 1 BGB kann eine Minderheit von einem Zehntel der Mitglieder schriftlich unter Angabe des Zweckes und der Gründe die Einberufung der Mitgliederversammlung verlangen.

Die Einladung zur Mitgliederversammlung hat fristgemäß zu erfolgen. Welche Frist zwischen Einladung und dem Termin der Mitgliederversammlung zu liegen hat, bestimmt das Gesetz nicht näher. Die Bestimmung dieser Ladungsfrist ist der Satzung vorbehalten, die die Frist nicht zu kurz bestimmen darf. Eine genaue Definition, was eine *nicht zu kurz bestimmte Frist* ist, ist nicht bestimmt. Ist die Ladungsfrist in der Satzung nicht bestimmt, so muss die Frist so angesetzt werden, dass es jedem Mitglied möglich ist, sich auf die Versammlung vorzubereiten und an ihr teilzunehmen. Auch wenn nicht genau definiert, sind Fristen zwischen zwei Wochen und einem Monat gängig[126]. Eine Tagesordnung ist zwingend und, sofern laut Satzung nicht mit der Einladung zu verschicken, spätestens zum Beginn der Versammlung al-

[124] BURHOFF, *Vereinsrecht*, S. 155 Rdn. 279

[125] OTT/WÖRLE–HIMMEL, *Vereine gründen und erfolgreich führen*, S. 156

[126] BURHOFF, *Vereinsrecht*, S. 169f Rdn. 310

len Mitgliedern vorzulegen[127]. Ebenso ist eine Person spätestens zum Beginn der Versammlung zur Versammlungsleitung zu bestimmen, sofern dies nicht durch die Satzung geregelt ist[128].

Es ist auch ein Protokoll anzufertigen. Über den notwendigen Inhalt des Protokolls sagt das Gesetz aber nichts. Der § 58 Nr. 4 BGB schreibt lediglich vor, dass die Satzung eine Bestimmung über die Beurkundung der Beschlüsse der Mitgliederversammlung enthalten muss[129]. Die oberste Richtlinie bei der Abfassung des Protokolls ist, die wesentlichen Vorgänge der Mitgliederversammlung festzuhalten. Der genaue Ablauf muss sich, sofern nicht anders von der Satzung gefordert, nicht aus dem Protokoll ergeben. Es reicht aus, wenn nach dem Protokoll die Ergebnisse feststehen. Diese müssen aber so exakt wie möglich festgehalten werden[130].

Falls nicht anders von der Satzung geregelt, muss nach BGB für eine Beschlussfähigkeit der Mitgliederversammlung nicht eine bestimmte Mindestzahl von Mitgliedern anwesend sein, so dass die Anwesenheit eines Mitglieds in einer ordnungsgemäß einberufenen Mitgliederversammlung für die Beschlussfähigkeit ausreicht[131]. Die Beschlussfassung ist regulär Mehrheitsentscheid. Nach § 32 Abs. 1 Satz 3 BGB ent-

---

[127] BURHOFF, *Vereinsrecht*, S. 175 Rdn. 323
[128] BURHOFF, *Vereinsrecht*, S. 181 Rdn. 336
[129] BURHOFF, *Vereinsrecht*, S. 105 Rdn. 145
[130] BURHOFF, *Vereinsrecht*, S. 193 Rdn. 370
[131] BURHOFF, *Vereinsrecht*, S. 202f Rdn. 395

scheidet ausdrücklich die Mehrheit der abgegebenen Stimmen. Stimmenthaltung sowie ungültige Stimmen werden als Bekundung der Unentschiedenheit bzw. als Zeichen der Nichtteilnahme an der Abstimmung angesehen. Es handelt sich bei dieser Mehrheit also um eine *Mehrheit aufgrund der abgegebenen gültigen Stimmen, nicht der anwesenden Stimmen*[132].

b) Die Gesellschafterversammlung der gGmbH

Die Gesellschafter bestimmen über die Gesellschaft. Während sich der Geschäftsführer um das operative Geschäft kümmert, obliegt den Gesellschaftern mittels Gesellschafterversammlung die strategische Arbeit[133]. Die Rechte und Pflichten, die damit einhergehen, ergeben sich nach § 45 Abs. 1 GmbHG aus dem Gesellschaftsvertrag. Diese sind in der Regel[134]

- Änderungen des Gesellschaftsvertrages
- Änderung des Stammkapitals und Erwerb von Geschäftsanteilen
- Teilung und Einziehung von Geschäftsanteilen
- Bestellung, Überwachung, Entlastung und Abberufung von Geschäftsführern

---

[132] Burhoff, *Vereinsrecht*, S. 205 Rdn. 400

[133] Weidmann/Kohlhepp, *Die gemeinnützige GmbH*, S. 42

[134] Engler/Hesse, *Praxisratgeber Gemeinnützige GmbH*, S. 55

- Bestellung und Abberufung der Aufsichtsratsmitglieder
- Erteilung von Einzel- oder auch Gesamtprokura
- Genehmigung und Überwachung des Wirtschafts-, Stellen- und Investitionsplanes für das laufende Geschäftsjahr.
- Genehmigung des Geschäftsberichtes und des Jahresabschlusses
- Gewinnverwendungen
- Beteiligung an anderen Unternehmen und Fremdprojekten
- Berufung und Entsendung von Geschäftsführern
- Wahl des Abschlussprüfers
- Eröffnung und Schließung von Unternehmensteilen
- Stellengenehmigung(en), Tarifverträge
- Grundstücks-, Darlehens- und Wechselgeschäfte sowie Bürgschaften.

Sofern der Gesellschaftsvertrag die Aufgaben der Gesellschafterversammlung nicht regelt, sind nach § 45 Abs. 2

GmbHG die Vorschriften der §§ 46 bis 51 GmbHG anzuwenden. Die Aufgaben der Gesellschafterversammlung sind entsprechend § 46 GmbHG

- die Feststellung des Jahresabschlusses und die Verwendung des Ergebnisses
- die Entscheidung über die Offenlegung eines Einzelabschlusses nach internationalen Rechnungslegungsstandards (§ 325 Abs. 2a des Handelsgesetzbuchs) und über die Billigung des von den Geschäftsführern aufgestellten Abschlusses
- die Billigung eines von den Geschäftsführern aufgestellten Konzernabschlusses
- die Einforderung der Einlagen
- die Rückzahlung von Nachschüssen
- die Teilung, die Zusammenlegung sowie die Einziehung von Geschäftsanteilen
- die Bestellung und die Abberufung von Geschäftsführern sowie die Entlastung derselben
- die Maßregeln zur Prüfung und Überwachung der Geschäftsführung
- die Bestellung von Prokuristen und von Handlungsbevollmächtigten zum gesamten Geschäftsbetrieb

- die Geltendmachung von Ersatzansprüchen, welche der Gesellschaft aus der Gründung oder Geschäftsführung gegen Geschäftsführer oder Gesellschafter zustehen, sowie die Vertretung der Gesellschaft in Prozessen, welche sie gegen die Geschäftsführer zu führen hat.

Zwingend und nicht deligierbar durch die Gesellschafterversammlung zu regeln sind Satzungsänderungen, Maßnahmen der Kapitaländerung, jegliche Grundlagenentscheidungen, Auflösung der Gesellschaft, Umwandlung der Gesellschaft sowie Einforderung von Nachschüssen i.S.d. § 26 GmbHG[135]. Die Fassung von Beschlüssen findet prinzipiell demokratisch unter den Gesellschaftern statt. Die Regeln der Abstimmung sind in § 47 GmbHG geregelt: Die von den Gesellschaftern in den Angelegenheiten der Gesellschaft zu treffenden Bestimmungen erfolgen durch Beschlussfassung nach der Mehrheit der abgegebenen Stimmen (§ 47 Abs. 1 GmbHG); Jeder Euro eines Geschäftsanteils gewährt eine Stimme (§ 47 Abs. 2 GmbHG); Vollmachten bedürfen zu ihrer Gültigkeit der Textform(§ 47 Abs. 3 GmbHG); Ein Gesellschafter, welcher durch die Beschlussfassung entlastet oder von einer Verbindlichkeit befreit werden soll, hat hierbei kein Stimmrecht und darf ein solches auch nicht für andere ausüben. Dasselbe gilt für eine Beschlussfassung, welche die Vornahme eines Rechtsgeschäfts oder die Einleitung oder Erledigung

[135] Weidmann/Kohlhepp, *Die gemeinnützige GmbH*, S. 44

eines Rechtsstreites gegenüber einem Gesellschafter betrifft (§ 47 Abs. 4 GmbHG). Hält ein Gesellschafter mehrere Geschäftsanteile, ist er dennoch gezwungen, einheitlich abzustimmen[136].

Die Gesellschafterversammlung hat mindestens einmal im Jahr stattzufinden; Die Regeln der Einberufung hat der Gesellschaftervertrag zu bestimmen[137]. Sofern dies nicht vom Gesellschaftervertrag geregelt wird, bestimmt § 51 GmbHG die Form der Einberufung. So hat danach die Einladung mittels eingeschriebenem Brief mit einer Frist von mindestens einer Woche zu erfolgen (§ 51 Abs. 1 GmbHG), zu beschließende Punkte sind mindestens drei Tage vor Versammlung allen Gesellschaftern bekannt zu machen (vgl. § 51 Abs. 4 GmbHG). Ebenso muss der Zweck der Versammlung ersichtlich sein (§ 51 Abs. 2 GmbHG). Das Gesetz gestattet auch nicht ordnungsgemäß berufene Versammlungen, fordert für diesen Fall jedoch die Anwesenheit aller Gesellschafter als Voraussetzung zur Beschlussfähigkeit (§ 51 Abs. 3 GmbHG). Der Abhaltung einer Versammlung bedarf es nach § 48 Abs. 2 GmbHG nicht, wenn sich sämtliche Gesellschafter in Textform mit der zu treffenden Bestimmung oder mit der schriftlichen Abgabe der Stimmen einverstanden erklären.

---

136 PRIESTER/MAYER, *Münchener Handbuch des Gesellschaftsrechts – Band 3: Gesellschaft mit beschränkter Haftung*, § 47, Rdn. 6

137 ENGLER/HESSE, *Praxisratgeber Gemeinnützige GmbH*, S. 52

Auch bei der GmbH gibt es Minderheitenrechte, vergleichbar den Minderheitenrechten im Vereinsrecht. Diese sind in § 50 GmbHG festgeschrieben. So bestimmt etwa § 50 Abs. 1 GmbHG, dass *Gesellschafter, deren Geschäftsanteile zusammen mindestens dem zehnten Teil des Stammkapitals entsprechen, berechtigt sind, unter Angabe des Zwecks und der Gründe die Berufung der Versammlung zu verlangen.* Vergleichbar dem e.V. ist ein Protokoll der Gesellschafterversammlung zu erstellen[138]. Jeder Gesellschafter hat das Recht auf Aufsicht, einschließlich Einsicht in das Protokoll nach § 51a GmbHG.

c) Strukturelle Vergleichbarkeit beider Gremien

De jure sind Gesellschafterversammlung und Mitgliederversammlung vergleichbare Organe in unterschiedlichen Körperschaften. Beide Institutionen sind als das höchste beschlussfassende Organ der jeweiligen Körperschaft anzusehen und basieren auf (wenn auch unterschiedlichen) demokratischen Prinzipien. Sofern nur ein Gesellschafter alle Geschäftsanteile der gGmbH hält, ist das Prinzip der Demokratie ohnehin nicht mehr seiner Natur entsprechend mit einem e.V. vergleichbar. Beide Organe bestimmen (wählen) das für die Geschäftsführung zuständige Organ, bestehend aus einer oder mehreren natürlichen Personen; die Mitgliederversammlung des e.V.s den Vorstand, die Gesellschafter-

[138] WEIDMANN/KOHLHEPP, *Die gemeinnützige GmbH*, S. 43f

versammlung der gGmbH den oder die Geschäftsführer. Insgesamt sind die Vorschriften der Gesellschafterversammlung als strenger anzusehen denn die der Mitgliederversammlung eines e.V.s.

III. Buchführung

Die GmbH gilt nach § 13 Abs. 3 GmbHG als Handelsgesellschaft und ist als Formkaufmann gemäß der § 238 Abs. 1 Satz 1 HGB i.v.m. § 6 Abs. 1 HGB zur Buchführung verpflichtet[139]. Der Geschäftsführer muss jederzeit in der Lage sein, in die Buchführung einzugreifen und Mängel abzustellen[140]. Der § 42 GmbHG verweist, was die Bilanzierung angeht, auf die §§ 242 HGB und 264 HGB, welche als Einleitungsvorschrift eigene detaillierte Regelungen enthalten, woraus sich die Anforderung einer kaufmännischen Buchführung im Sinne einer doppelten Buchführung als Bilanzbuchhaltung ergeben[141].

Zur Buchführungspflicht von Vereinen gibt es lediglich in Ansätzen gesetzliche Bestimmungen, was eine Besonderheit gegenüber den anderen bilanzierenden Unternehmen in der gewerblichen Wirtschaft bzw. dem kommunalen Bereich dar-

139 §56, Rdn. 8 in: Priester/Mayer, *Münchener Handbuch des Gesellschaftsrechts – Band 3: Gesellschaft mit beschränkter Haftung*, S. Priester

140 Volkelt, *Die Unternehmergesellschaft (UG)*, S. 74

141 Engler/Hesse, *Praxisratgeber Gemeinnützige GmbH*, S. 61

stellt[142]. Für die einfache Buchführung ist als Besonderheit im Steuerrecht zu finden, dass sie aufgrund ihrer Bedeutung für Nicht–Buchführungspflichtige in der Besteuerungspraxis als Einnahmen–Überschuss–Rechnung (EÜR) nach § 4 Abs. 3 EStG gesetzlich normiert ist. In diesem Zusammenhang ist darauf hinzuweisen, dass für den e.V., der regelmäßig kein Handelsgewerbe betreibt, grundsätzlich keine Vorgaben zur Rechnungslegung anzutreffen sind[143]. Natürlich ist es dem Verein frei gestellt höhere Buchführungssysteme wie die Kameralistik oder die doppelte Buchführung zu verwenden.

Unabhängig von der Form der Körperschaft verlangt das Gemeinnützigkeitsrecht jedoch die Trennung in die vier Bereiche: ideeller Bereich, Vermögensverwaltung, Zweckbetriebe, steuerpflichtige Geschäftsbetriebe[144]. Darüber hinaus gibt es noch besondere Buchführungspflichten. Diese betreffen jedoch in erster Linie Krankenhäuser und Pflegeeinrichtungen und sind für den Jugendhilfebereich im engeren Sinne nicht von Belang[145].

Allgemein ist also festzustellen, dass bis auf Ausnahmesituationen – wie ein sehr umfangreicher Geschäftsbetrieb eines Vereins – der e.V. eine einfache Buchführung in Form einer EÜR führen muss, hingegen eine gGmbH grundsätzlich die

---

142 VOGELBUSCH, *Grundsätze der Rechnungslegung von Vereinen*, S. 1, Abs. 1

143 VOGELBUSCH, *Grundsätze der Rechnungslegung von Vereinen*, S. 1, Abs. 3

144 WEIDMANN/KOHLHEPP, *Die gemeinnützige GmbH*, S. 120

145 WEIDMANN/KOHLHEPP, *Die gemeinnützige GmbH*, S. 121

doppelte Buchführung. Zu betrachten sind aber noch ggf. Anforderungen an die freie Trägerschaft. Aus den Anforderungen der freien Trägerschaft ergibt sich lediglich, dass die Art der Buchführung ggü. der Behörde anzugeben ist[146]. Somit ist die Nachvollziehbarkeit und das Vorhandensein einer überprüfbaren Buchführung (ob nun doppelte Buchführung im Sinne der Bilanzbuchhaltung oder einer einfachen Einnahmen–Überschuss–Rechnung) als Mindestanforderung anzusehen. Damit sind zwar die gesetzlichen Anforderungen an die Rechtsformen von e.V. und gGmbH, was die Buchhaltung angeht, nicht identisch, beide sind jedoch hinreichend für die Tätigkeit als freier Träger.
Somit kann festgestellt werden, dass aufgrund der Rechtsform der organisatorische Aufwand einer gGmbH in punkto Buchführung höher ist, ohne im Gegenzug Vorteile ggü. der Rechtsform des e.V.s zu bieten. Damit ist auch unter Berücksichtigung der Anforderungen der freien Trägerschaft der Buchhaltungsaufwand für die gGmbH deutlich höher als für einen e.V. Dies ist ein klarer Nachteil der gGmbH ggü. dem e.V.

146 BASFI, *Richtlinie für die Anerkennung von Trägern der freien Jugendhilfe*, S. 7

IV. Haftung von Vorständen, Geschäftsführern und Gesellschaftern

1. Der e.V.–Vorstand

Die Gesamtverantwortung für das Handeln des e.V.s trägt rechtlich nach den §§ 26, 27 BGB der ehrenamtliche Vorstand. Er bleibt weitgehend in der persönlichen Verantwortung und Haftung[147].
Vorstand i.S.d. Satzung und i.S.d. BGB sind nicht notwendig identisch, da zum Vorstand nach § 26 BGB nur gehört, wer zur gerichtlichen als auch außergerichtlichen Vertretung des Vereins gemäß § 26 Abs. 1 Satz 2 BGB befugt ist, wohingegen laut Satzung auch weitere Personen zum Vorstand gehören können[148].
Die Frage, ob ein vom Vorstand bestellter Geschäftsführer, welcher nach Satzung die laufende Geschäfte des e.V.s zu besorgen hat, ohne Mitglied des Vorstandes zu sein, zusammen mit einem Vorstandsmitglied den Verein vertreten darf (auch wenn dies in der Satzung festgelegt wird) ist hindoch zu verneinen[149]. Entsprechend § 27 Abs. 1 BGB ist der Vorstand durch Beschluss der Mitgliederversammlung demokratisch zu wählen. Die Gesamtverantwortung der Geschäftsführung eines Vereins liegt beim Vorstand[150].

---

147 KOCH/HOLT, *Verein oder GmbH*, S. 6
148 BURHOFF, *Vereinsrecht*, S. 221f Rdn. 439
149 BURHOFF, *Vereinsrecht*, S. 223 Rdn. 442
150 WÖRLE–HIMMEL, *Vereinsrecht – 132 Tipps für die Vereinsarbeit*, S. 35

Über jeder geschäftsführenden Handlung des Vereinsvorstands steht die Sorgfaltspflicht, insbesondere da der Vorstand ggü. dem Verein laut § 276 BGB grundsätzlich für ein Verschulden bei der Geschäftsführung, sofern die dem Vorstand obliegende Sorgfaltspflicht verletzt wird[151]. Die Sorgfaltspflicht wird nicht explizit vom Gesetzgeber definiert, sondern ergibt sich aus den Tätigkeiten, Rahmenbedingungen und Eigenschaften des Vereins. Der ehrenamtliche Vorstand haftet prinzipiell bereits für leichte Fahrlässigkeit, allerdings kann die Haftung hierfür in der Satzung ausgeschlossen werden[152].

2. Der gGmbH–Geschäftsführer

Eine Kapitalgesellschaft benötigt ein geschäftsführendes Organ, das die Gesellschaft sowohl im Innenverhältnis führt, als auch im Außenverhältnis vertritt. Dieses Organ ist bei der GmbH der Geschäftsführer (§§ 35 ff GmbHG), wobei mehrere Geschäftsführer bestellt werden können. Der Geschäftsführer kann nicht ausführendes Organs und gleichzeitig Teil eines die Geschäftsführung überwachenden Organs sein. Zwar ist bei der GmbH ein Aufsichtsrat nicht zwingend erforderlich, jedoch darf – sofern dieser besteht – im Rechtsverkehr angenommen werden, dass der Geschäftsführer bes-

[151] BURHOFF, *Vereinsrecht*, S. 248f Rdn. 499
[152] BURHOFF, *Vereinsrecht*, S. 249 Rdn. 500

ser kontrolliert ist als sonst, was nicht so wäre, wenn der Geschäftsführer zeitgleich Mitglied des Aufsichtsrates wäre[153]. Im Außenverhältnis haftet der Geschäftsführer insbesondere,

- bei vorsätzlicher Rechtsverletzung eines anderen nach § 823 BGB
- bei Verletzung der Insolvenzantragspflicht nach § 15a InsO
- bei Vorenthaltung von Arbeitsentgelt bzw. Nichtabführung von Sozialversicherungsbeiträgen nach § 266a StGB
- wenn er bei Überschuldung oder Zahlungsunfähigkeit Vermögen beiseite schafft nach § 283 StGB
- bei Gläubigerbegünstigung nach § 283c StGB
- bei Verletzung steuerlicher Pflichten nach den §§ 34 und 69 AO
- wenn er Steuerhinterziehung oder Steuerhehlerei begeht nach § 71 AO

Prinzipiell gilt für den Geschäftsführer das Selbstkontrahierungsverbot nach § 181 BGB, wodurch es dem Geschäftsführer untersagt ist, Geschäfte gleichzeitig im eigenen Namen

[153] PRIESTER/MAYER, *Münchener Handbuch des Gesellschaftsrechts – Band 3: Gesellschaft mit beschränkter Haftung*, §6, Rdn. 13

und im Namen der Gesellschaft zu tätigen. Allerdings ist es möglich, den Geschäftsführer hiervon zu befreien[154]. Die Rechtsgrundlage der Geschäftsführerhaftung bei Verletzung seiner Pflichten ist § 43 Abs. 2 GmbHG. Sollte der Geschäftsführer dem Selbstkontrahierungsverbot unterliegen, also davon nicht befreit worden sein, haftet er auch bei Verstößen gegen dieses Verbot.

3. Gesellschafter der gGmbH

Das grundsätzliche Haftungsprivileg der Gesellschafter ist in § 13 Abs. 2 GmbHG verankert, wonach Gläubigern der GmbH lediglich das Gesellschaftsvermögen für die Verbindlichkeiten der Gesellschaft haftet. Damit der GmbH auch tatsächlich das Gesellschaftsvermögen zur Verfügung steht, sind die Gesellschafter im Innenverhältnis allgemein zur Kapitalaufbringung und zur Kapitalerhaltung verpflichtet. Das Gesellschaftskapital darf nicht an die Gesellschafter ausgezahlt werden (§ 30 Abs. 1 GmbHG). Erfolgt eine solche Auszahlung an einen Gesellschafter, so ist dieser nach § 31 Abs. 1 GmbHG im Innenverhältnis zur GmbH zur Rückzahlung des Kapitals an sie verpflichtet. Ist von ihm der Forderungsbetrag nicht zu erlangen, so haften die übrigen Gesellschafter mit ihrem Vermögen für die Erbringung des Betrags nach § 31 Abs. 3 GmbHG.

---

[154] Weidmann/Kohlhepp, *Die gemeinnützige GmbH*, S. 46

Die Richter des BGH ordneten im Jahr 2007 die *Durchgriffshaftung für existenzvernichtende Eingriffe nicht mehr als einen gesellschaftsrechtlichen Verstoß gegen Treu und Glauben ein, sondern verlagerten diese ins allgemeine Deliktsrecht.* Der Eingriff gilt somit nun als missbräuchliche Schädigung des Gesellschaftsvermögens und stellt einen Fall der sittenwidrigen vorsätzlichen Schädigung nach § 826 BGB dar. Der Ersatzanspruch kann eigenständig neben etwaigen weiteren Ansprüchen aus den §§ 30, 31 GmbHG bestehen und ist somit nicht mehr subsidiär[155]. Die bislang verschuldensunabhängige Haftung trifft den Gesellschafter aufgrund ihrer deliktischen Natur somit nur noch, wenn diesem Vorsatz und Verschulden nachzuweisen sind. Der Gläubiger trägt die Beweislast für Vorsatz und Verschulden des Gesellschafters, was dem Schuldner zugute kommt. Zudem haftet der Gesellschafter nur noch im Innenverhältnis zur GmbH für den durch ihn zu vertretenden schädigenden Eingriff. Ein unmittelbarer Schadensersatzanspruch der Gläubiger gegen den Gesellschafter besteht daher nicht. Gläubiger müssen stattdessen den Ausgleichsanspruch der GmbH pfänden und erhalten im Fall der Insolvenz nur eine – womöglich niedrigere – Beteiligung am Liquidationserlös durch den Insolvenzverwalter. Somit ist die Haftung des Gesellschafters als minimal anzusehen.

[155] BGH-Urteil, *Urteil vom 16. Juli 2007, BGH II ZR 3/04*, S. BGH–Urteil

4. Versicherungsschutz

Aufgrund der hohen Haftung des Geschäftsführers kann dieser eine Art Berufshaftpflichtversicherung abschließen, eine sogenannte D&O–Versicherung (Directors-and-Officers-Versicherung). Diese fungiert ggü. Dritten, welche Ansprüche gegen dem Geschäftsführer haben, als Vermögensschadenhaftpflichtversicherung[156]. Damit ist eine D&O–Versicherung eine klassische personenbezogene Haftpflichtversicherung, jedoch kommt sie weder für Kaskoschäden auf, noch für Ansprüche gegen die Geselslchaft, da sie explizit eine Versicherung des Geschäftsführers ist. Die Deckung besteht im Innen– wie im Außenverhältnis, allerdings lediglich bei einer Sorgfaltspflichtverletzung ohne Vorsatz und sofern die Anspruchserhebung innerhalb der Versicherungslaufzeit erfolgt. Diese Versicherung ist aufgrund der hohen, ehrenamtsunabhängigen Haftung von Geschäftsführern von Kapitalgesellschaften eher für diese ausgelegt und womöglich sinnvoll. Da in dieser Untersuchung vom Ehrenamt auszugehen ist, und ehrenamtliche Vereinsvorstände wie bereits erörtert eine deutlich geringere Außenhaftung tragen, ist nicht nur in der Haftung selbst, sondern folgerichtig auch in der Möglichkeit und Notwendigkeit eines Versicherungsschutzes ein deutlicher Unterschied zwischen gGmbH und e.V. ersichtlich.

[156] Laschet/Held, *Geschäftsführer–Haftung und D&O–Versicherung*, S. 43

V. Kaufmannseigenschaften

1. Unternehmereigenschaft i.S.d. § 14 BGB

Fraglich ist, ob eine ehrenamtlich geführte Körperschaft, welche als gemeinnützig anerkannt ist (also de facto ohne Gewinnerzielungsabsicht), als Unternehmer i.S.d. § 14 BGB anzusehen ist.

Nach § 13 BGB ist ein Verbraucher *jede natürliche Person, die ein Rechtsgeschäft zu Zwecken abschließt, die überwiegend weder ihrer gewerblichen noch ihrer selbständigen beruflichen Tätigkeit zugerechnet werden können.* Auch ohne nähere Betrachtung der Tätigkeiten können an dieser Stelle sowohl der e.V. als auch die gGmbH als Verbraucher ausgeschlossen werden, da es sich bei beiden eindeutig nicht um eine natürliche Person handelt.

Das juristische Gegenstück zum Verbraucher nach §13 BGB ist der Unternehmer i.S.d. § 14 Abs. 1 BGB; hier heißt es *Unternehmer ist eine natürliche oder juristische Person oder eine rechtsfähige Personengesellschaft, die bei Abschluss eines Rechtsgeschäfts in Ausübung ihrer gewerblichen oder selbständigen beruflichen Tätigkeit handelt.*

Fraglich ist an dieser Stelle, inwieweit eine Körperschaft, welche möglicherweise nicht in Ausübung einer gewerblichen oder selbständigen Tätigkeit handelt, Unternehmer ist. Im Fall einer (nicht gemeinnützigen) GmbH hat sich in Jahr 2011 der BGH mit der Frage beschäftigt, inwieweit eine juristische Person überhaupt immer als Unternehmer zu betrachten ist[157]. Prinzipiell orientiert sich der BGH am Wortlaut des § 14 Abs. 1 BGB, wonach es sich beim Unternehmer eben auch um eine juristische Person handelt. In der Frage nach der *Ausübung einer gewerblichen oder selbständigen beruflichen Tätigkeit* greift der BGH auf die Vermutung des § 344 Abs. 1 HGB zurück, wonach die von einem Kaufmann vorgenommenen Rechtsgeschäfte als im Zweifel zum Betrieb seines Handelsgewerbes gehörig gelten. Zwar erwähnt der BGH hier die für den konkreten Fall zugehörigen §§ 13 Abs. 3 GmbHG und 6 Abs. 2 HGB, bezieht seine Ausführungen jedoch allgemein auf juristische Personen.

Es ergibt sich hieraus die Frage, in wieweit die Vermutung des § 344 Abs. 1 HGB überhaupt für eine juristische Person im Allgemeinen, oder einen e.V. bzw. eine gGmbH im Speziellen, wiederlegt werden kann. Hierbei sei auf die Dogmatik der §§ 13 und 14 BGB verwiesen; wie bereits festgestellt, können juristische Personen keine Verbraucher sein. Wären sie jedoch auch keine Unternehmer, so ergäbe sich hieraus eine weitere Kathegorie der *Nicht–Unternehmer*, was jedoch nicht zu den Definitionen von Verbraucher und Unternehmer als Begriff und Gegenbegriff passte[158].

Solange diese Dogmatik vorherrscht, ist also nach aktueller Rechtsauffassung eine Einteilung in Verbraucher und Unter-

---

[157] vgl. Begründung in: BGH-Urteil, *Urteil vom 13. Juli 2011, BGH VIII ZR 215/10*, S. BGH–Urteil

[158] Säcker/Armbrüster, *Münchener Kommentar Bürgerliches Gesetzbuch – Band 1: Allgemeiner Teil*, S. vgl. § 14 Rdn. 1ff

nehmer vorzunehmen, wodurch konklusiv festzustellen ist, dass jede juristische, Person da nicht Verbraucher, folglich Unternehmer ist.

2. Verpflichtung kaufmännischer Gepflogenheiten

Da sowohl e.V. als auch gGmbH als Unternehmen zu betrachten sind, stellt sich die Frage, inwieweit beider Körperschaften als Kaufmann anzusehen, bzw. zumindest zur Einhaltung kaufmännischer Gepflogenheiten i.S.d. § 346 HGB verpflichtet sein könnten.

Nach § 1 Abs. 1 HGB ist Kaufmann, *wer ein Handelsgewerbe betreibt.* Dies trifft auf e.V. und gGmbH als freier Träger der Jugendhilfe nicht zu. § 1 Abs. 2 HGB definiert weiterhin jeden Gewerbebetrieb ausgenommen nicht *nach Art oder Umfang einen in kaufmännischer Weise eingerichteten Geschäftsbetrieb* als Kaufmann. Da eine Körperschaft als freier Träger der Jugendhilfe kein Gewerbebetrieb ist, ist eine solche Köperschaft nicht per se als Kaufmann i.S.d. § 1 Abs. 2 HGB zu betrachten.

Es könnte sich hier aber aus der Gesellschaftsform selbst etwas anderes ergeben. An sich haben sowohl Vereinsvorstand als auch Geschäftsführer einer GmbH eine vergleichbare Verantwortung. Der Geschäftsführer der GmbH hat allerdings deutlich striktere Regeln aufgrund der kaufmännischen Natur der Köperschaft einer Kapitalgesellschaft nach HGB und GmbHG einzuhalten. Zudem kann der Geschäftsführer einer GmbH nicht per Satzung/Gesellschaftervertrag von seiner Haftung endbunden oder diese auch nur eingeschränkt werden, auch wenn die GmbH gemeinnützig ist und der Geschäftsführer dem e.V.–Vorstand gleich ehrenamtlich tätig ist. Zu untersuchen wäre noch, wie es sich mit der Pflicht kaufmännischer Gepflogenheiten, wie etwa dem kaufmännischen Bestätigungsschreiben nach § 346 HGB, verhällt. Im allgemeinen Rechtsverkehr gilt der Grundsatz, dass bloßes Schweigen keine Willenserklärung darstellt. Beim kaufmännischen Bestätigungsschreiben handelt es sich um eine Ausnahme von dieser Regel. Hierzu muss es sich um Handelsgeschäfte zwischen Kaufleuten handeln, mindestens der Empfänger des Schreibens muss Kaufmann sein oder zumindest in größerem Umfang am Geschäftsleben teilnehmen. Der Absender muss zwar nicht zwangsläufig Kaufmann sein, jedoch muss dieser ähnlich einem Kaufmann am Wirtschaftleben teilnehmen, da sonst nicht von der Beachtung der Handelsbräuche ausgegangen werden muss. Des Weiteren müssen Vertragsverhandlungen vorausgehen und der Bestätigende muss verdeutlichen von einem erfolgten Vertragsschluss auszugehen. Dies muss zudem unmittelbar nach Vertragsverhandlungen erfolgen und sich auf den Gegenstand der Vertragsverhandlungen beziehen. Eine weitere Voraussetzung ist die Redlichkeit des Absenders da es ansonsten an der notwendigen Schutzwürdigkeit fehlt. Zudem darf der Empfänger nicht unverzüglich widersprechen. Unter diesen Voraussetzungen kommt ein kaufmännisches Bestätigungsschreiben zur gültigen Anwendung[159]. Als Empfänger kommt somit ein e.V. i.S.d. Untersuchung nicht für ein kaufmännisches Bestätigungsschreiben in Betracht, da es ihm an der kaufmännischen Natur fehlt. Die gGmbH ist nach § 13 Abs. 3 GmbHG i.V.m. § 6 Abs. 1 HGB ein sogenannter Formkaufmann[160]. Somit ist die kaufmännische Natur zu bejahen. Allerdings ist es fraglich, in wieweit eine Organisation, welche sich nicht nur rein gemeinnützigen Jugendarbeit verschrieben hat, sondern auch rein auf ehrenamtlicher Arbeit basiert und keinerlei Gewinnerzielungsabsicht hat (Stichwort NPO) als handelsgewerblich tätige Körperschaft betrachtet werden kann. Im Rahmen der Recherche konnte jedoch weder eine Publikation der Rechtswissenschaften noch ein richterliches Urteil gefunden werden, welches dieses Problem aufgreift. Unter Berücksichtigung der Anforderungen einer Rechtssicherheit wäre somit die Kaufmannseigenschaft der gGmbH als Formkaufmann, und damit auch die Möglichkeit der Empfängerschaft des kaufmännischen Bestätigungsschreibens durch eine gGmbH i.S.d. Begutachtung zu bejahen. Jedoch ist eine abweichende Interpretation auf Grundlage teleologischer Auslegung durchaus denkbar.

---

[159] BÜLOW/ARTZ, *Handelsrecht*, S. Rdn. 372
[160] SCHÜNEMANN, *Wirtschaftsprivatrecht*, S. 44

VI. Mittelverwendung und Rücklagenbildung

Wie bereits in den Grundlagen der Ehrenamtlichkeit erörtert, dürfen Mittel einer gemeinnützigen Körperschaft ausschließlich selbstlos und zur Erreichung der in der Satzung definierten Zwecke eingesetzt werden, ohne dass dabei Einzelpersonen unverhältnismäßig begünstigt werden. Die Ehrenamtspauschale nach § 3 Nr. 26a EStG, die Übungsleiterpauschale nach § 3 Nr. 26 EStG oder Ersatz von Aufwendungen i.s.d. § 670 BGB fallen, wie bereits erörtert, auch nicht darunter.

Fraglich ist jedoch, inwieweit eine darüber hinaus gehende Vergütung dem Zweck der Mittelverwendung widerspräche. In Anlehnung an die Lohnsteuerrichtlinien R 73 werden kleinere Aufmerksamkeiten, also Sachzuwendungen oder Gutscheine bis zu einem Wert von jeweils 40 € (z.B. Blumen, Geschenkkorb, Buch oder CD), die Ehrenamtlichen oder Mitgliedern aus Anlass eines besonderen persönlichen Ereignisses (wie Geburtstag, Ehrenamtsjubiläum o.ä.) zugewendet werden, nicht beanstandet[161].

Natürlich kann jede Körperschaft neben notwendigen Materialen auch Dienstleistungen von gewerblichen Anbietern, freiberuflichen Dienstleistern etc. einkaufen. Fraglich ist in diesem Zusammenhang, ob dies untersagt oder gemeinnützigkeitsschädigend sein kann, wenn mit Vereinsmitgliedern,

[161] IGL, *Rechtliche Rahmenbedingungen bürgerschaftlichen Engagements*, S. 128

ehrenamtlich Tätigen, Vorständen oder Gesellschaftern bzw. Geschäftsführern entsprechende entgeltliche Beziehungen eingangen werden. Die anfallende Vergütung könnte als versteckte Ausschüttung interpretiert werden. Sofern die Leistung vertraglich festgelegt ist, sich nicht mit den (ehrenamtlichen) Aktivitäten für die Körperschaft überschneidet, und die Vergütung in branchenüblicher Höhe erfolgt, ist es zulässig, dass Vereinsmitglieder oder Gesellschafter etc. auch gleichzeitig Rechnungssteller sind[162]. Eine Überschneidung von Tätigkeiten läge etwa vor, wenn ein Vereinsmitglied ehrenamtlich Ferienfreizeiten organisiert, und für die gleiche Tätigkeit (auch wenn für z.B. andere Freizeiten, also nicht die selben) auf Rechnung tätig würde.

Das Gemeinnützigkeitsrecht fordert, wie bereits erörtert, eine zeitnahe Verwendung von Mitteln. Demnach wären Rücklagen prinzipiell als unzulässig einzustufen. Tatsächlich sind durch das Gesetz zur Stärkung des Ehrenamts zum 1. Januar 2014 die Regelungen dahingehend verdeutlicht worden und finden sich in § 62 AO[163]. Nach § 62 Abs. 1 Nr. 1 können zweckgebundene Rücklagen gebildet werden, sofern diese für verfolgte Zwecke nachhaltig notwendig sind. So können Sportjugendkörperschaften etwa Rücklagen zur Errichtung, Erweiterung oder Instandsetzung von Sportanlagen und Geräten bilden, Körperschaften der Jugendhilfe

[162] PFLÜGER, *Gestaltende Steuerberatung – Ausgabe 01/2004*, S. 15
[163] BURHOFF, *Vereinsrecht*, S. 379 Rdn. 864

für Jugendfahrten Ausgaben für Zeltmaterial, Anschaffung und Instandhaltung eines Kleinbusses etc[164].

§62 Abs. 1 Nr. 2 AO regelt die Wiederbeschaffungsrücklage. Dabei handelt es sich um einen Sonderfall der zweckgebundenen Rücklage, bei welcher der gegenüber dem FA zu führende Nachweis erleichtert ist. Nach § 62 Abs. 1 Nr. 2 AO können Körperschaften ihre Mittel einer Rücklage für Wiederbeschaffung zuführen, wenn die Wiederbeschaffung von Wirtschaftsgütern beabsichtigt ist. Diese Absicht ist dem FA nachzuweisen. Die Höhe der Zuführungen bemisst sich nach der regulären Höhe der Abschreibungen für Abnutzung. Sind höhere Zuführungen für die beabsichtigte Wiederbeschaffung notwendig, ist dies auch möglich, allerdings ist dann die Notwendigkeit dessen gegenüber dem FA nachzuweisen[165].

Dies gilt etwa für die Wiederbeschaffung eines Kleinbusses, welcher sich im Laufe der Zeit abnutzen wird. Darüber hinaus gibt es die freie Rücklage nach § 62 Abs. 1 Nr. 3 AO. Demnach darf eine Körperschaft höchstens ein Drittel des Überschusses der Einnahmen über die Unkosten aus Vermögensverwaltung und darüber hinaus bis zu 10% ihrer sonstigen zeitnah zu verwendenden Mittel einer freien Rücklage zuführen[166]. In § 58 Nr. 3 AO ist zudem eine Vermögensausstattungsrücklage eingefügt worden. Danach kann *eine*

[164] Burhoff, *Vereinsrecht*, S. 380 Rdn. 865
[165] Burhoff, *Vereinsrecht*, S. 380 Rdn. 866
[166] Burhoff, *Vereinsrecht*, S. 380f Rdn. 867

Körperschaft ihre Überschüsse der Einnahmen über die Ausgaben aus der Vermögensverwaltung, ihre Gewinne aus den wirtschaftlichen Geschäftsbetrieben ganz oder teilweise und darüber hinaus höchstens 15% ihrer sonstigen nach § 55 Abs. 1 Nr. 5 zeitnah zu verwendenden Mittel einer anderen steuerbegünstigten Körperschaft oder einer juristischen Person des öffentlichen Rechts zur Vermögensausstattung zuwenden. Die aus den Vermögenserträgen zu verwirklichenden steuerbegünstigten Zwecke müssen den steuerbegünstigten satzungsmäßigen Zwecken der zuwendenden Körperschaft entsprechen[167].

Diese Regeln entsprechen den Vorschriften sowohl für den e.V. als auch für die gGmbH. Eine Unterscheidung findet aufgrund des einheitlichen Gemeinnützigkeitsrechts – welches den Begriff der Rücklagen auch weiter fasst als das reine Handelsrecht i.S.d. § 266 Abs. 3 A II und A III HGB[168] – nicht statt.

Lediglich bei der gUG (haftungsbeschränkt) könnte es zu einer Abweichung kommen. So ist eine UG (haftungsbeschränkt) nach § 5a Abs. 3 GmbHG i.V.m. § 5a Abs. 5 GmbHG verpflichtet, jährlich mindestens 25 % ihres Jahresüberschusses in eine Rücklage einzustellen, solange das Stammkapital unterhalb von 25.000 € liegt. Dies widerspricht prinzipiell jedoch den Vorgaben der AO und könnte gemein-

[167] Burhoff, *Vereinsrecht*, S. 381 Rdn. 868
[168] Weidmann/Kohlhepp, *Die gemeinnützige GmbH*, S. 158

nützigkeitsgefährdend sein. Dies wurde in der *Verfügung betreffend Gemeinnützigkeit von Unternehmergesellschaften i. S. d. § 5a GmbHG i.d.F. des MoMiG (sog. Mini-GmbH)* vom 31. März 2009 (LfSt Bayern S 0174.2.1-2/2 St31) eindeutig geklärt[169]. In dieser heißt es: *Unter Bezugnahme auf das Ergebnis der Erörterung der obersten Finanzbehörden des Bundes und der Länder ist die Auffassung zu vertreten, dass die gesetzlich vorgeschriebene Rücklagenbildung bis zum Erreichen des Stammkapitals von 25.000 € nicht gegen den Grundsatz der zeitnahen Mittelverwendung (§§ 55, 58 AO) verstößt.*
Das Stammkapital einer Kapitalgesellschaft unterliegt nicht der zeitnahen Mittelverwendungspflicht. Das gilt auch für die Mittel, die von Gesetzes wegen in die zur Erhöhung des Stammkapitals gedachte Rücklage nach § 5a Abs. 3 GmbHG eingestellt werden müssen und insoweit bereits anderweitig gesetzlich gebunden sind[170]. Demnach ist die Rücklagenpflicht der gUG (haftungsbeschränkt) nicht als gemeinnützigkeitsschädigend anzusehen und stellt eine Abweichung der Regelung zur gGmbH und e.V. dar.

[169] Lietzau, *Die gemeinnützige Unternehmergesellschaft (gUG) in Verbände Report – Ausgabe 05/2009*, S. 30

[170] Lietzau, *Die gemeinnützige Unternehmergesellschaft (gUG) in Verbände Report – Ausgabe 05/2009*, S. 31

VII. Sachvermögen

Als juristischen Personen ist es sowohl der gGmbH als auch dem e.V. aufgrund ihrer Rechtsfähigkeit möglich, Sachvermögen zu halten. Dieses wird zum Vermögen der Gesellschaft bzw. des e.V. gezählt. Sachvermögen muss nicht nur erworben, sondern kann der Körperschaft auch gespendet werden. Hierbei ist der Sachwert möglichst genau zu ermitteln und festzuhalten[171]

Bei der Gründung der gGmbH können nach § 5 Abs. 4 GmbHG Sachwerte als Einlage des Stammkapitals (auch teilweise) getätigt werden. Dies birgt jedoch für die Führung der Gesellschaft gewissen Gefahren, etwa bei Wertverlust oder gar Untergang der Sachwerte[172]. Entsprechend § 5a Abs. 2 Satz 2 GmbHG sind allerdings hiervon abweichend Sacheinlagen bei der gUG (haftungsbeschränkt) nicht zulässig. Nach BGH–Beschluss vom 19. April 2011 gilt das Sacheinlagenverbot nach § 5a Abs. 2 Satz 2 GmbHG für eine den Betrag des Mindestkapitals nach § 5 Abs. 1 GmbHG erreichende oder übersteigende Erhöhung des Stammkapitals einer Unternehmergesellschaft (haftungsbeschränkt) nicht[173].

Sofern also der oder die Gesellschafter einer gUG (haftungsbeschränkt) Kapital in Form von Sacheinlagen nachschießen wollen, und zwar in einem Wert, dass der Einlagenwert da-

---

[171] BURHOFF, *Vereinsrecht*, S. 418 Rdn. 984ff

[172] WEIDMANN/KOHLHEPP, *Die gemeinnützige GmbH*, S. 75

[173] VGL. in: BGH-BESCHLUSS, *Beschluss vom 19. Apirl 2011, BGH II ZB 25/10*, S. BGH–Beschluss

mit insgesamt 25.000 € erreicht oder übersteigt – etwa zur dadurch möglichen Umwandlung in eine gGmbH – ist dies zulässig.

VIII. Compliance

Der Begriff Compliance ist definiert als die *Einhaltung sämtlicher für das jeweilige Unternehmen relevanten gesetzlichen Pflichten, Vorschriften, Regeln, fachlicher Kompetenzen und persönliche Verantwortung im Umgang mit externen Regeln, internen Regeln und Vorgaben der Gesellschafter und Vertragspartner sowie Einhaltung von Vorgaben der Zentrale durch Konzerneinheiten*[174]. Schon von der Definition aus ist Compliance also an sich für Wirtschaftsunternehmen gedacht.

Eine rechtliche Verpflichtung zum Aufbau einer Compliancestruktur könnte sich bereits aus dem Umstand ergeben, dass die vertretungsbefugten Organe einer GmbH ggü. der Gesellschaft eine Vielzahl von Pflichten zu beachten haben, da die Verletzung dieser Pflichten sowohl zur persönlichen Haftung der Geschäftsführer ggü. der Gesellschaft als auch ggü. Dritten sowie zu einer Reihe weiterer Rechtsfolgen (z.B. steuerrechtliche oder ordnungswidrigkeitenrechtliche Rechtsfolgen) führen kann[175].

---

[174] Wecker/Ohl, *Compliance in der Unternehmerpraxis*, S. 21
[175] Wecker/Ohl, *Compliance in der Unternehmerpraxis*, S. 24

Tatsächlich könnte eine fehlende Compliance–Struktur im Problemfall als Verletzung der Sorgfaltspflicht des Geschäftsführers i.S.d. § 43 Abs. 1 GmbHG betrachtet werden. So wurde in Fällen hoher finanzieller Gesamtvolumen von Gesellschaften bereits das Fehlen von Compliancestrukturen im Schadensfall bemängelt, wie etwa im Urteil des Landgerichts München vom 10. Dezember 2013[176]. Auch ein BGH–Beschluss aus dem Jahr 2008 stützt die Complianceempfehlung, wonach ein Geschäftsführer sich nur dann auf sein unternehmerisches Ermessen berufen kann, wenn er in der konkreten Entscheidungssituation alle verfügbaren Informationsquellen tatsächlicher und rechtlicher Art ausschöpft, die daraus erkennbaren Vor– und Nachteile sorgfältig abwägt und erkennbaren Risiken Rechnung trägt[177].

Auch wenn die meisten Compliancestrukturen erst bei hohen Finanzvolumen und entsprechenden Zahlen an (hauptamtlichen) Mitarbeitern als verpflichtend angesehen werden könnten, wäre möglicherweise sowohl bei kleinen gGmbHs als auch bei Vereinen die Einführung in ihrem Umfang adäquater Compliancestrukturen sinnvoll. Mit vielen gesetzlichen und bürokratischen Vorgaben sind insbesonders kleinere, oft rein ehrenamtlich geführte Körperschaften stark

---

[176] VGL. in: LG-URTEIL, *Urteil vom 10. Dezember 2013, LG München I, 5HK O 1387/10*, S. LG–Urteil

[177] VGL. in: BGH-BESCHLUSS, *Beschluss vom 14. Juli 2008, BGH II ZR 202/07*, S. BGH–Beschluss

überfordert[178]. Diesen bietet Compliance einen möglichen Schutz vor[179]

- Verletzung des Gemeinnützigkeitsrechts
- falsch oder fälschlich ausgestellten Spendenbescheinigungen
- Veruntreuung von Geldern
- Verstößen gegen Vereinsrecht und GmbHG/HGB

Die Einführung einer Compliancestruktur bedeutet jedoch nicht zwangsläufig die Einführung einer eigenen Complianceabteilung. Dies wird im gemeinnützigen Bereich sogar abgelehnt und stattdessen zu transparenten Konzepten geraten[180].

Insgesamt lässt sich aber feststellen, dass allein aufgrund des doch recht umfangreichen Gemeinnützigkeitsrechts sowie der Vorgaben an freie Träger der Jugendhilfe nach SGB VIII, die Errichtung von Compliancestrukturen tatsächlich auch für Vereine zumindest überlegenswert und aufgrund der umfangreicheren Verpflichtungen nach GmbHG und HGB für eine gGmbH empfehlenswert erscheint.

[178] KÖSTER, *Prüfung und Kontrolle gemeinnütziger Kapitalgesellschaften*, S. 350

[179] WEIDMANN/KOHLHEPP, *Die gemeinnützige GmbH*, S. 68

[180] KÖSTER, *Prüfung und Kontrolle gemeinnütziger Kapitalgesellschaften*, S. vgl. S. 397f

D. Beendigung

I. Finanzielle Schwierigkeiten und Insolvenz

1. Insolvenzfähigkeit und Insolvenzgründe

Bei finanziellen Schwierigkeiten einer Körperschaft kann Insolvenz drohen. Laut § 1 InsO dient das *Insolvenzverfahren dazu, die Gläubiger eines Schuldners gemeinschaftlich zu befriedigen, indem das Vermögen des Schuldners verwertet und der Erlös verteilt oder in einem Insolvenzplan eine abweichende Regelung insbesondere zum Erhalt des Unternehmens getroffen wird. Dem redlichen Schuldner wird Gelegenheit gegeben, sich von seinen restlichen Verbindlichkeiten zu befreien.* Es geht also um drei Aspekte, um

- Die Befriedigung der Gläubiger
- Die Ordnung der Abwicklung der massebezogenen Rechtsverhältnisse
- Die Restschuldbefreiung des Schuldners

Dies setzt zuerst die Insolvenzfähigkeit der Körperschaft voraus. Diese ist in den §§ 11 und 12 InsO geregelt. Ein Insolvenzverfahren kann sowohl über das Vermögen einer natürlichen oder einer juristischen Person als auch über das Vermögen einer Gesellschaft ohne Rechtspersönlichkeit eröffnet werden[181]. Somit erfüllen sowohl die gGmbH als auch der e.V. die Voraussetzungen der Insolvenzfähigkeit.

---

[181] Reischl, *Insolvenzrecht*, S. 23 Rdn. 59

2. Eröffnung des Insolvenzverfahrens

Nach § 13 Abs. 1 InsO i.V.m. § 16 InsO kann ein Insolvenzverfahren nur auf Antrag aufgrund von Zahlungsunfähigkeit i.S.d. § 17 InsO, drohende Zahlungsunfähigkeit nach i.S.d. § 18 InsO oder aber auch Überschuldung i.S.d. § 19 InsO eröffnet werden.

Sofern Insolvenzfähigkeit als auch Insolvenzgrund vorliegen, sind die Organe juristischer Personen – bei einer GmbH Geschäftsführer und Liquidatoren, bei einem e.V. der Vorstand – binnen 3 Wochen zur Beantragung der Insolvenz nach § 15a InsO verpflichtet; sollte eine GmbH zu diesem Zeitpunkt führungslos sein, so ist jeder Gesellschafter insolvenzantragspflichtig[182]. Beim e.V. obliegt diese Pflicht dem Vorstand.

Die mögliche Ablehnung der Eröffnung des Insolvenzverfahrens auf Grundlage des Mangels an Masse (§ 60 Abs. 1 Nr. 5 GmbHG) wurde durch das VereinsRÄndG in das BGB aufgenommen, um den Verein juristischen Personen des Handelsrechts gleichzustellen. Hierin gibt es also keine Unterschiede mehr zwischen einer gGmbH und einem e.V.

Eine Kapitalgesellschaft existiert nach Eröffnung des Insolvenzverfahrens erstmal weiter. Zwar wird eine GmbH nach § 60 Abs. 1 Nr. 4 Satz 1 GmbHG durch die Eröffnung des Insolvenzverfahrens aufgelöst. Jedoch *wird das Verfahren auf Antrag des Schuldners eingestellt oder nach der Bestäti-*

---

182 ZIMMERMANN, *Grundriss des Insolvenzrechts*, S. 6 Rdn. 25

gung eines Insolvenzplans, der den Fortbestand der Gesellschaft vorsieht, aufgehoben, so können die Gesellschafter die Fortsetzung der Gesellschaft beschließen (§ 60 Abs. 1 Nr. 4 Satz 2 GmbHG). Der Verein wiederum wird durch die Eröffnung des Insolvenzverfahrens nach § 42 Abs. 1 Satz 1 BGB mit Rechtskraft des Beschlusses aufgelöst. Die Satzung kann bestenfalls bestimmen, dass der Verein im Fall der Eröffnung des Insolvenzverfahrens als nichtrechtsfähiger Verein fortbesteht [183]. Hierin besteht also weiterhin ein markanter Unterschied zwischen der gGmbH und dem e.V.

3. Insolvenzverschleppung

Nach § 15a Abs. 4 InsO ist Insolvenzverschleppung die nicht, nicht richtig oder nicht rechtzeitig beantragte Eröffnung des Insolvenzverfahrens bei Kenntnis der Zahlungsunfähigkeit oder Überschuldung. Im Falle der Insolvenzverschleppung erstrecken sich mögliche Konsequenzen auf alle Verantwortlichen – beim Verein auf den Vorstand, bei der gGmbH nicht nur auf den Geschäftsführer, sondern auch auf Gesellschafter und Aufsichtsrat[184]. Neben strafrechtlicher Verfolgung für vorsätzliche (§ 15a Abs. 4 InsO) oder fahrlässige (§ 15a Abs. 5 InsO) Insolvenzverschleppung kann auch eine zivilrechtliche Haftung vor allem deliktischer Schadenersatzansprüche nach § 823 Abs. 2 BGB i.V.m. § 15a Abs. 1 und 3

[183] Burhoff, *Vereinsrecht*, S. 325 Rdn. 707
[184] Weidmann/Kohlhepp, *Die gemeinnützige GmbH*, S. 116f

InsO auf die genannten Personen zukommen[185]. Theoretisch gibt es damit eine vergleichbare persönliche Haftung des Geschäftsführers einer GmbH und der eines Vereinsvorstandes. Allerdings haben gemäß § 43 Abs. 1 GmbHG Geschäftsführer die Sorgfalt eines ordentlichen Kaufmannes anzuwenden sowie sich an die Anforderungen des HGB zu halten und haften besonders bei Insolvenzverschleppung nach GmbHG und HGB (§ 331 HGB i.V.m. § 84 GmbHG i.V.m. § 15a InsO). Selbst bei rein ehrenamtlicher Führung dürfte damit die praktische Verantwortung und Haftung des Geschäftsführers einer GmbH – auch einer gGmbH – als höher eingestuft und damit strenger beurteilt werden als bei einem ehrenamtlichen Vereinsvorstand.

II. Liquidation

1. Voraussetzungen der Liquidation

Liquidation ist die Veräußerung aller Vermögensgegenstände eines Unternehmens oder Vereins mit dem Ziel, das darin gebundene Kapital in Bargeld oder andere leicht in Bargeld umtauschbare Mittel umzuwandeln. Ziel der Liquidation ist die Beendigung der Gesellschaft[186]. Wie bereits festgestellt ist die Beendigung von e.V. und gGmbH durch das Insolvenzverfahren möglich. Im Fall der Insolvenz muss keine Liquidation erfolgen. Neben der Insolvenz gibt es jedoch

---

185 WEIDMANN/KOHLHEPP, *Die gemeinnützige GmbH*, S. 117
186 SCHÜNEMANN, *Wirtschaftsprivatrecht*, S. 492

auch andere mögliche Gründe für eine Beendingung einer Körperschaft. So kann etwa die Mitgliederversammlung die Auflösung des Vereins[187] und die Gesellschafterversammlung die Beendigung der gGmbH beschließen[188]. Zudem geht eine gemeinnützige Körperschaft, welche satzungsmäßig gemeinnützige Ziele verfolgt, auch dann in die Liquidation über, wenn sie endgültig ihre Gemeinnützigkeit verliert[189]. Ebenso ist es möglich, dass die Körperschaft nach Satzung lediglich für eine bestimmte Zeit bestehen sollte und nach Ablauf dieser Zeit damit aufzulösen ist (vgl. § 74 Abs. 2 BGB sowie § 60 Abs. 1 Nr. 1 GmbHG).

Sinkt die Zahl der Vereinsmitglieder unter drei herab, so hat nach § 73 BGB das Amtsgericht auf Antrag des Vorstands und, wenn der Antrag nicht binnen drei Monaten gestellt wird, von Amts wegen nach Anhörung des Vorstands dem Verein die Rechtsfähigkeit zu entziehen, was zu einer Auflösung des Vereins als e.V. führt. Nach § 15 Abs. 1 GmbHG sind die Geschäftsanteile an der GmbH vererblich. Entsprechend ist es möglich, dass die gGmbH auch bei Tod aller Gesellschafter bzw. des Alleingesellschafters weiter besteht. Allerdings ist dies vom jeweiligen Gesellschafter testamentarisch zu regeln. Denkbar, jedoch praktisch selten, ist die Auflösung durch gerichtlichen Beschluss[190].

---

[187] Burhoff, *Vereinsrecht*, S. 155 Rdn. 277
[188] Weidmann/Kohlhepp, *Die gemeinnützige GmbH*, S. 215
[189] Weidmann/Kohlhepp, *Die gemeinnützige GmbH*, S. 217
[190] Weidmann/Kohlhepp, *Die gemeinnützige GmbH*, S. 112

2. Ablauf der Liquidation

Die Auflösung und deren Eintragung im Vereinsregister bzw. Handelsregister führt das Ende der Körperschaft noch nicht unmittelbar herbei. Sie besteht bis zur Abwicklung aller Vermögensangelegenheiten fort. Es muss – außer im Fall der bereits beschriebenen Insolvenz – durch die Liquidatoren eine *Liquidation*, also die Abwicklung aller Vermögenswerte, erfolgen. Voraussetzung ist, dass noch verwertbares Körperschaftsvermögen vorhanden ist. Sogenannte *geborene Liquidatoren* sind im Falle des Vereins nach § 48 Abs. 1 Satz 1 BGB die Mitglieder des letzten Vorstandes, sofern in der Satzung nichts anderes bestimmt ist, oder falls in der Auflösungsversammlung keine anderen Personen zu Liquidatoren bestellt bzw. gewählt wurden (§ 48 Abs. 1 Satz 2 BGB). Im Falle der gGmbH hat die Liquidation nach § 66 Abs. 1 GmbHG, soweit nicht anders durch die Satzung bestimmt, durch den oder die Geschäftsführer zu erfolgen.

An wen das noch vorhandene Vermögen fällt, ist bei gemeinnützigen Körperschaften entsprechend § 61 Abs. 1 AO aus der Satzung ersichtlich[191]. Die Liquidatoren des Vereins haben nach § 49 Abs. 1 BGB *die laufenden Geschäfte zu beendigen, die Forderungen einzuziehen, das übrige Vermögen in Geld umzusetzen, die Gläubiger zu befriedigen und den Überschuss den Anfallberechtigten auszuantworten. Zur Beendigung schwebender Geschäfte können die Liquidatoren*

[191] Eversberg et al., *Das neue Gemeinnützigkeitsrecht*, S. 33

auch neue Geschäfte eingehen. Die Einziehung der Forderungen sowie die Umsetzung des übrigen Vermögens in Geld darf unterbleiben, soweit diese Maßregeln nicht zur Befriedigung der Gläubiger oder zur Verteilung des Überschusses unter die Anfallberechtigten erforderlich sind.

Die Liquidatoren der gGmbH haben nach § 70 GmbHG *die laufenden Geschäfte zu beendigen, die Verpflichtungen der aufgelösten Gesellschaft zu erfüllen, die Forderungen derselben einzuziehen und das Vermögen der Gesellschaft in Geld umzusetzen; sie haben die Gesellschaft gerichtlich und außergerichtlich zu vertreten. Zur Beendigung schwebender Geschäfte können die Liquidatoren auch neue Geschäfte eingehen.*

Die Aufgaben der Liquidatoren von e.V. und gGmbH sind also als vergleichbar anzusehen. Jedoch sind auch in diesem Fall bei der gGmbH höhere formale Anforderungen wie Anmeldung nach § 67 GmbHG oder Zeichnung nach § 68 GmbHG einzuhalten.

Die Auflösung des Vereins ist nach § 50 Abs. 1 Satz 1 BGB durch die oder den Liquidator/en öffentlich bekannt zu machen. Äquivalent hierzu unterliegt die gGmbH einer Anmeldepflicht i.S.d. § 65 Abs. 1 GmbHG und einer Pflicht zur Bekanntmachung nach § 65 Abs. 2 GmbHG. Erst mit Abschluss der Liquidation und Anmeldung selbiger zum Vereinsregister bzw. Handelsregister gilt die Körperschaft vollständig als beendet.

3. Umgang mit Vermögenswerten

Wie bereits erörtert, hat bei gemeinnützigen Körperschaften die jeweilige Satzung nach § 61 Abs. 1 AO zu regeln, an wen vorhandenes Vermögen fällt. Dies muss, ebenso wie die in Auflösung befindliche Körperschaft, eine steuerlich begünstigte Körperschaft sein. Somit gehen alles verbleibende Vermögen einer aufgelösten gGmbH ebenso wie eines aufgelösten e.V.s auf eine in der Satzung bzw. dem Gesellschaftsvertrag definierte, steuerlich begünstigte Körperschaft über. Vereinsmitglieder, Vereinsvorstände, ehrenamtliche Mitarbeiter sowie Geschäftsführer und Gesellschafter dürfen auch im Fall der Auflösung nicht begünstigt werden. Allerdings erlaubt das Gesetz bei Kapitagesellschaften die Rückerstattung der Stammeinlagen an die diese Geschäftsanteile haltenden Gesellschafter, jedoch lediglich in der Gesamthöhe der Stammeinlage[192] Dies ist jedoch keine Begünstigung, da es sich um zuvor eingezahlte Kapitalwerte handelt. Da diese unverzinst ausgezahlt werden, gibt es nicht mal die Möglichkeit, einen Inflationsausgleich zu berücksichtigen. Da im Laufe von möglicherweise mehreren Jahren von einer Inflation auszugehen ist, erhält man bei einer Kapitalgesellschaft somit den eingezahlten Betrag zu einem geringeren aktuellen Wert zurück.

[192] WEIDMANN/KOHLHEPP, *Die gemeinnützige GmbH*, S. 214

E. Fazit

Beide Körperschaftsformen sind als juristische Personen gleichermaßen fähig, gemeinnützige Ziele zu verfolgen. Beide können als freie Träger der Jugendhilfe anerkannt werden. Beide, e.V. und gGmbH, haben in vielen Punkten vergleichbare Strukturen. Um entscheiden zu können, welche Gesellschaftsform die für die eigenen Zwecke richige ist, sind die Unterschiede und die sich daraus ergebenden Vor- und Nachteile von Belang.

Der e.V. bedarf mindestens sieben Personen zu seiner Gründung und drei Personen für seinen Fortbestand. Dafür bedarf er keines nennenswerten Kapitals zu seiner Gründung. Die gGmbH kann mehrere Gründungsgesellschafter haben, es reicht jedoch auch nur ein einzelner. Dafür bedarf sie einer Mindesteinlage als Stammeinlage von 25.000 €.

Auch die Kosten der Gründung sind beim e.V. deutlich geringer. Beide Körperschaftsformen sind als Unternehmen i.S.d. § 14 BGB zu verstehen, doch nur die gGmbH ist notwendigerweise stets als Kaufmann zu sehen. Damit geht auch einher, dass die gGmbH einen deutlich höheren Verwaltungs– und Buchhaltungsaufwand betreiben muss und ihre Geschäftsführung deutlich mehr gesetzliche Regelungen zu beachten hat, deutlich höhere Verantwortung trägt, mehr Risiken sowohl zivil– als auch wirtschaftsstrafrechtlich – insbesondere insolvenzstrafrechtlich notabene – eingeht und einer höheren persönlichen Haftung ausgesetzt ist. Wohingegen ein ehrenamtlicher Vereinsvorstand annähernd vollständig von persönlicher Haftung befreit ist. Dem e.V. ist es im Gegensatz zur gGmbH möglich, eine Vielzahl an Mitgliedern zu haben und diese per Satzung zur Mitarbeit und zur Unterstützung sowie zur Zahlung eines Mitgliedbeitrages zu verpflichten. Der e.V. muss diesen Mitgliedern aber auch die Möglichkeit zur Teilnahme an demokratischer, vollständiger Gestaltung des Vereins selbst geben.Die Mitgliederversammlung kann als oberstes Gremium demokratisch nicht nur den Vorstand wählen und abwählen, sondern auch die strategischen Ziele sowie operativen Maßnahmen des e.V.s lenken, und auch die Satzung ändern.

Die gGmbH kann keine Mitglieder wie ein e.V. haben, sie muss jeweils ehrenamtliche Mitarbeiter aquirieren, welche zumeist keinerlei Bindung zur Körperschaft aufbauen, sondern zum jeweiligen Projekt, welches sie unterstützen, weswegen die Mitarbeiteraquise bei jedem Projekt aufs neue initiiert werden muss. Dafür müssen ehrenamtlichen Mitarbeitern einer gGmbH keinerlei Mitbestimmungsrechte eingeräumt werden, die Gesellschafterversammlung ist ihr oberstes Entscheidungsorgan und unterliegt im Fall eines Einzelgesellschafters damit sogar keinerlei realer, demokratischer Strukturen. Insgesamt lässt sich die gGmbH damit auch flexibler, einfacher und schneller lenken als ein e.V.

Die Rechtsform des e.V.s bietet sich somit vor allem an, wenn die Initiatoren viele, entweder vorhandene oder auch

zukünftige, Teilnehmer nicht nur operativ, sondern auch strategisch wirkend einbinden wollen. Wenn die Initiatoren also Menschen zu einer demokratischen Willensgemeinschaft zusammenschließen wollen, ist der e.V. die bessere Wahl.
Wenn hingegen einer oder wenige Initiatoren bereit sind, viele ihrer persönlichen Ressourcen in eine professionelle Initiative zu investieren, jedoch selbst und im kleinen Kreis flexibel hierüber (im Rahmen der Vorgaben durch Gemeinnützigkeit und Regeln der freien Trägerschaft) bestimmen möchten, ohne die Zügel aus der Hand zu geben, so ist eine gGmbH als Körperschaftsform geeigneter.
Ebenso ist auch eine Umwandlung eines e.V.s in eine gGmbH denkbar, wenn dies den Mitgliedern bzw. der Mitgliederversammlung eines e.V.s angemessen oder auch richtig erscheint.
Es gibt aber auch die Möglichkeit einer kombinierten Struktur aus e.V. und gGmbH. So kann auch ein Verein als juristische Person sogar Alleingesellschafter einer gGmbH werden. Da beide Körperschaftsformen mit ihrem jeweiligen Vermögen haften, lässt sich hierdurch etwa für einzelne Projekte ein Schutz des Vereinsvermögens schaffen.
Beispielsweise sei angenommen, ein Jugendverband in der Körperschaftsform eines e.V.s beschließt ein finanziell aufwendiges und womöglich riskantes Projekt wie den Betrieb eines großen Jugendzeltplatzes samt pädagogischen Angebots für Jugendgruppen und Schulklassen – neben den re-

gulären Aktivitäten des e.V.s – einzurichten. Natürlich unter der Voraussetzung, dass hierdurch nicht Gelder eingenommen werden sollen, sondern auch diese Tätigkeit gemeinnützig und im Sinne der freien Trägerschaft der Jugendhilfe gestaltet werden sollen. Dann ist es dem e.V. durchaus möglich, als Alleingesellschafter eine gGmbH zu gründen welche sich lediglich um dieses (auf Dauer ausgelegtes) Projekt kümmert.

Die demokratische Steuerung auf strategischer Ebene bleibt damit in der Mitgliederversammlung des e.V.s erhalten, welche den Gesellschafterwillen bildet und damit die gGmbH unter Kontrolle des e.V.s hält, während das Risiko dieses Projekts auf die gGmbH und deren separates Vermögen beschränkt bleibt und nicht die Finanzen des e.V.s bedroht. Ein großer e.V. mit vielen derartigen Projekten könnte sogar mehrere gGmbHs auf diese Weise halten und demokratisch lenken, während die einzelnen Projekte in ihrer Struktur der Kapitalgesellschaft flexibel handlungsfähig sind.

Allerdings ist für diesen Fall zu betonen, dass die Geschäftsführerfunktion nur von (mindestens) einer natürlichen Person, also einem Menschen, ausgefüllt werden kann. Dies könnte der Natur solcher Projekte entsprechend von der Projektleitung übernommen werden. Somit haftet der e.V. zwar nicht für die gGmbH, allerdings tragen die Geschäftsführer eine entsprechend hohe Verantwortung. Sie müssen gerade im Fall finanzieller Schwierigkeiten des Projektes ggf.

rechtzeitig Insolvenz anmelden, um sich nicht einer Straftat wie der Insolvenzverschleppung strafbar zu machen. In der Praxis bedeutet dies, sich auch möglicherweise gegen die Gesellschafterversammlung und damit faktisch den eigenen Verein zu stellen, um vorrangig seinen Verpflichtungen als Geschäftsführer gerecht zu werden. In einem solchen Fall kann sich der Unterschied im Grad der Verantwortung eines Geschäftsführers zu einem e.V.–Vorstand besonders gravierend deutlich machen, zumal Straftaten nach der InsO nicht gerade zu den Kavaliersdelikten gehören.

Je nach Fall sind die Vor– und Nachteile sowie Möglichkeiten und Einschränkungen der jeweiligen Körperschaftsform zu beurteilen. Ebenso gibt es gerade für kleinere Projekte die Option der Gründung einer gUG (haftungsbeschränkt), besonders wenn kein umfangreiches Startkapital zur Verfügung steht. Diese Variante muss jedoch gerade im Hinblick auf die freie Trägerschaft der Jugendhilfe von ihrer Leistungsfähigkeit überzeugen. So ist es dieser – sowie auch jeder gGmbH – möglich, durch interessante Projekte ehrenamtliche Mitarbeiter zu begeistert.

Überhaupt liegt die Demokratie in Bezug auf einen großen Kreis an aktiv, ehrenamtlich Mitwirkenden bei einer Kapitalgesellschaft in der sprichwörtlichen *Abstimmung mit Füssen*, indem die Gesellschaft Menschen – ohne sie wie ein e.V. per Mitgliedschaft an sich zu binden und (demokratisch) einzubinden – projektbezogen begeistert oder auch wieder verliert. Wer als Einzelperson eine Gemeinschaft für sein ehrenamtliches Engagement sucht, wird wahrscheinlich den e.V. bevorzugen. Doch wer sich ehrenamtlich engagieren möchte, wird ebenso stark vom Thema eines Projekts angezogen. Aufgrund der stetig wachsenden Zahl an gemeinnützigen Kapitalgesellschaften wie der gGmbH in Deutschland[193] ist der abschließende Gedanke naheliegend, dass in der modernen Zeit die Ehrenamtlichkeit, gerade auch im Jugendhilfebereich, ihr Engagement und ihre Zukunft – zumindest in ergänzender Form – verstärkt in dem flexiblen Handeln der Projektbezogenheit einer gGmbH finden könnte.

[193] WEIDMANN/KOHLHEPP, *Die gemeinnützige GmbH*, S. 45